FOREWORD

The collection of "Everything Will Be Okay" travel phrasebooks published by T&P Books is designed for people traveling abroad for tourism and business. The phrasebooks contain what matters most - the essentials for basic communication. This is an indispensable set of phrases to "survive" while abroad.

This phrasebook will help you in most cases where you need to ask something, get directions, find out how much something costs, etc. It can also resolve difficult communication situations where gestures just won't help.

This book contains a lot of phrases that have been grouped according to the most relevant topics. A separate section of the book also provides a small dictionary with more than 1,500 important and useful words.

Take "Everything Will Be Okay" phrasebook with you on the road and you'll have an irreplaceable traveling companion who will help you find your way out of any situation and teach you to not fear speaking with foreigners.

TABLE OF CONTENTS

T&P Books Publishing

T&P Books Publishing

PHRASEBOOK

— CHINESE —

THE MOST IMPORTANT PHRASES

This phrasebook contains
the most important
phrases and questions
for basic communication
Everything you need
to survive overseas

T&P BOOKS

By Andrey Taranov

Phrasebook + 1500-word dictionary

English-Chinese phrasebook & concise dictionary

By Andrey Taranov

The collection of "Everything Will Be Okay" travel phrasebooks published by T&P Books is designed for people traveling abroad for tourism and business. The phrasebooks contain what matters most - the essentials for basic communication. This is an indispensable set of phrases to "survive" while abroad.

Another section of the book also provides a small dictionary with more than 1,500 useful words arranged alphabetically. The dictionary includes a lot of gastronomic terms and will be helpful when ordering food at a restaurant or buying groceries at the store.

T&P Books Publishing
www.tpbooks.com

ISBN: 978-1-78492-434-8

This book is also available in E-book formats.
Please visit www.tpbooks.com or the major online bookstores.

PRONUNCIATION

Letter	Chinese example	T&P phonetic alphabet	English example
a	tóufa	[a]	shorter than in ask
ai	hǎi	[aɪ]	tie, driver
an	bèipàn	[an]	transport, stand
ang	pīncháng	[ɑ̃]	nasal [a]
ao	gǎnmào	[aʊ]	now, down
b	Bànfǎ	[p]	pencil, private
c	cǎo	[tsh]	let's handle it
ch	chē	[tʃh]	hitchhiker
d	dīdá	[t]	tourist, trip
e	dēngjì	[ɛ]	man, bad
ei	běihǎi	[eɪ]	age, today
en	xúnwèn	[ə]	driver, teacher
eng	bēngkuì	[ə̃]	nasal [e]
er	érzi	[ɛr]	arrive, corporation
f	fǎyuàn	[f]	face, food
g	gōnglù	[k]	clock, kiss
h	hǎitún	[h]	home, have
i	fēijī	[i:]	feet, meter
ia	jiā	[jɑ]	young, yard
ian	kànjiàn	[jʌn]	young
ie	jiéyuē	[je]	yesterday, yen
in	cónglín	[i:n]	teen, to keep
j	jīqì	[tɕ]	cheer
k	kuàilè	[kh]	work hard
l	lúnzi	[l]	lace, people
m	hémǎ	[m]	magic, milk
n	nǐ hǎo	[n]	name, normal
o	yībō	[ɔ]	bottle, doctor
ong	chénggōng	[ü]	nasal [u]
ou	běiměizhōu	[ɔu]	rose, window
p	pào	[ph]	top hat
q	qiáo	[tɕh]	cheer
r	rè	[ʒ]	forge, pleasure
s	sàipǎo	[s]	city, boss
sh	shāsǐ	[ʃ]	near [ch]
t	tūrán	[th]	don't have
u	dáfù	[u], [ʊ]	noodles, mango

5

Letter	Chinese example	T&P phonetic alphabet	English example
ua	chuán	[ua]	quantum
un	yúchǔn	[u:n], [un]	moon, one
ü	lǚxíng	[y]	fuel, tuna
ün	shēnyùn	[jun]	uniform
uo	zuòwèi	[uɔ]	to order, to open
w	wùzhì	[w]	vase, winter
x	xiǎo	[ɕ]	sheep, shop
z	zérèn	[ts]	cats, tsetse fly
zh	zhǎo	[dʒ]	joke, general

Comments

.

First tone (high-level tone)
In the first tone, the pitch of your voice remains constant and slightly high through the syllable. Example - mā

Second tone (rising tone)
In the second tone, the pitch of your voice raises slightly while pronouncing the syllable. Example - má

Third tone (low-falling-raising tone)
In the third tone, the pitch of your voice goes down, and then goes back up in the same syllable. Example - mǎ

Fourth tone (falling tone)
In the forth tone, the pitch of your voice goes down sharply during the syllable. Example - mà

Fifth tone (neutral tone)
In the neutral tone, the pitch of your voice depends upon the word you are saying, but is normally said more briefly and softly than the other syllables. Example - ma

LIST OF ABBREVIATIONS

English abbreviations

ab.	-	about
adj	-	adjective
adv	-	adverb
anim.	-	animate
as adj	-	attributive noun used as adjective
e.g.	-	for example
etc.	-	et cetera
fam.	-	familiar
fem.	-	feminine
form.	-	formal
inanim.	-	inanimate
masc.	-	masculine
math	-	mathematics
mil.	-	military
n	-	noun
pl	-	plural
pron.	-	pronoun
sb	-	somebody
sing.	-	singular
sth	-	something
v aux	-	auxiliary verb
vi	-	intransitive verb
vi, vt	-	intransitive, transitive verb
vt	-	transitive verb

CHINESE
PHRASEBOOK

This section contains
important phrases that may
come in handy in various
real-life situations.
The phrasebook will help
you ask for directions, clarify
a price, buy tickets, and
order food at a restaurant

T&P Books Publishing

PHRASEBOOK
CONTENTS

T&P Books Publishing

The bare minimum

Excuse me, ...

请问，…
[qǐngwèn, …]

Hello.

你好。 | 你们好。
[nǐ hǎo | nǐmen hǎo]

Thank you.

谢谢。
[xièxiè]

Good bye.

再见。
[zàijiàn]

Yes.

是的。
[shì de]

No.

不
[bù]

I don't know.

我不知道。
[wǒ bù zhīdào]

Where? | Where to? | When?

哪里？ | 到哪里？ | 什么时候？
[nǎlǐ? | dào nǎlǐ? | shénme shíhòu?]

I need ...

我需要…
[wǒ xūyào …]

I want ...

我想要…
[wǒ xiǎng yào …]

Do you have ...?

您有…吗？
[nín yǒu … ma?]

Is there a ... here?

这里有…吗？
[zhè li yǒu … ma?]

May I ...?

我可以…吗？
[wǒ kěyǐ … ma?]

..., please (polite request)

请
[qǐng]

I'm looking for ...

我在找…
[wǒ zài zhǎo …]

restroom

休息室
[xiūxí shì]

ATM

银行取款机
[yínháng qǔkuǎn jī]

pharmacy (drugstore)

药店
[yàodiàn]

hospital

医院
[yīyuàn]

police station

警察局
[jǐngchá jú]

subway

地铁
[dìtiě]

taxi	出租车 [chūzū chē]
train station	火车站 [huǒchē zhàn]

My name is …	我叫… [wǒ jiào …]
What's your name?	您叫什么名字? [nín jiào shénme míngzì?]
Could you please help me?	请帮助我。 [qǐng bāngzhù wǒ]
I've got a problem.	我有麻烦了。 [wǒ yǒu máfanle]
I don't feel well.	我感觉不舒服。 [wǒ gǎnjué bú shūfú]
Call an ambulance!	叫救护车! [jiào jiùhù chē!]
May I make a call?	我可以打个电话吗? [wǒ kěyǐ dǎ gè diànhuà ma?]

I'm sorry.	对不起。 [duìbùqǐ]
You're welcome.	不客气。 [bù kèqì]

I, me	我 [wǒ]
you (inform.)	你 [nǐ]
he	他 [tā]
she	她 [tā]
they (masc.)	他们 [tāmen]
they (fem.)	她们 [tāmen]
we	我们 [wǒmen]
you (pl)	你们 [nǐmen]
you (sg, form.)	您 [nín]

ENTRANCE	入口 [rùkǒu]
EXIT	出口 [chūkǒu]
OUT OF ORDER	故障 [gùzhàng]
CLOSED	关门 [guānmén]

OPEN

开门
[kāimén]

FOR WOMEN

女士专用
[nǚshì zhuānyòng]

FOR MEN

男士专用
[nánshì zhuānyòng]

Questions

Where?	在哪里? [zài nǎlǐ?]
Where to?	到哪里? [dào nǎlǐ?]
Where from?	从哪里? [cóng nǎlǐ?]
Why?	为什么? [wèi shénme?]
For what reason?	为了什么? [wèile shénme?]
When?	什么时候? [shénme shíhòu?]
How long?	多长时间? [duō cháng shíjiān?]
At what time?	几点? [jǐ diǎn?]
How much?	多少? [duōshǎo?]
Do you have ...?	您有…吗? [nín yǒu … ma?]
Where is ...?	…在哪里? [… zài nǎlǐ?]
What time is it?	几点了? [jǐ diǎnle?]
May I make a call?	我可以打个电话吗? [wǒ kěyǐ dǎ gè diànhuà ma?]
Who's there?	谁啊? [shuí a?]
Can I smoke here?	我能在这里吸烟吗? [wǒ néng zài zhèlǐ xīyān ma?]
May I ...?	我可以…吗? [wǒ kěyǐ … ma?]

Needs

I'd like ...	我想… [wǒ xiǎng …]
I don't want ...	我不想… [wǒ bùxiǎng …]
I'm thirsty.	我渴了。 [wǒ kěle]
I want to sleep.	我想睡觉。 [wǒ xiǎng shuìjiào]
I want ...	我想要… [wǒ xiǎng yào …]
to wash up	洗脸 [xǐliǎn]
to brush my teeth	刷牙 [shuāyá]
to rest a while	休息一会 [xiūxí yī huǐ]
to change my clothes	换衣服 [huàn yīfú]
to go back to the hotel	回旅店 [huí lǚdiàn]
to buy ...	去买 [qù mǎi]
to go to ...	去… [qù …]
to visit ...	去参观… [qù cānguān …]
to meet with ...	去见… [qù jiàn …]
to make a call	去打电话 [qù dǎ diànhuà]
I'm tired.	我累了。 [wǒ lèile]
We are tired.	我们累了。 [wǒmen lèile]
I'm cold.	我冷。 [wǒ lěng]
I'm hot.	我热。 [wǒ rè]
I'm OK.	我很好。 [wǒ hěn hǎo]

I need to make a call.	我需要打个电话。 [wǒ xūyào dǎ gè diànhuà]
I need to go to the restroom.	我要去厕所。 [wǒ yào qù cèsuǒ]
I have to go.	我必须得走了。 [wǒ bìxū dé zǒuliǎo]
I have to go now.	我现在得走了。 [wǒ xiànzài dé zǒuliǎo]

Asking for directions

Excuse me, ...
请问，…
[qǐngwèn, …]

Where is ...?
…在哪里？
[… zài nǎlǐ?]

Which way is ...?
去…怎么走？
[qù … zěnme zǒu?]

Could you help me, please?
请帮助我。
[qǐng bāngzhù wǒ]

I'm looking for ...
我在找…
[wǒ zài zhǎo …]

I'm looking for the exit.
我在找出口。
[wǒ zài zhǎo chūkǒu]

I'm going to ...
我要去…
[wǒ yào qù …]

Am I going the right way to ...?
这是去…的路吗？
[zhè shì qù … de lù ma?]

Is it far?
那里远吗？
[nàlǐ yuǎn ma?]

Can I get there on foot?
我能走路去那里吗？
[wǒ néng zǒulù qù nàlǐ ma?]

Can you show me on the map?
能在地图上指出来吗？
[néng zài dìtú shàng zhǐchū lái ma?]

Show me where we are right now.
告诉我我们现在的位置。
[gàosù wǒ wǒmen xiànzài de wèizhì]

Here
这里
[zhèlǐ]

There
那里
[nàlǐ]

This way
到这里来
[dào zhèlǐ lái]

Turn right.
右转。
[yòu zhuǎn]

Turn left.
左转。
[zuǒ zhuǎn]

first (second, third) turn
第一（第二、第三）个转弯
[dì yī (dì èr, dì sān) gè zhuǎnwān]

to the right
向右
[xiàng yòu]

to the left

向左
[xiàng zuǒ]

Go straight.

一直往前走。
[yīzhí wǎng qián zǒu]

Signs

WELCOME!	欢迎光临 [huānyíng guānglín]
ENTRANCE	入口 [rùkǒu]
EXIT	出口 [chūkǒu]
PUSH	推 [tuī]
PULL	拉 [lā]
OPEN	开门 [kāimén]
CLOSED	关门 [guānmén]
FOR WOMEN	女士专用 [nǔshì zhuānyòng]
FOR MEN	男士专用 [nánshì zhuānyòng]
MEN, GENTS	男厕所 [nán cèsuǒ]
WOMEN, LADIES	女厕所 [nǔ cèsuǒ]
DISCOUNTS	折扣 [zhékòu]
SALE	销售 [xiāoshòu]
FREE	免费！ [miǎnfèi!]
NEW!	新品！ [xīnpǐn!]
ATTENTION!	注意！ [zhùyì!]
NO VACANCIES	客满 [kè mǎn]
RESERVED	留座 [liú zuò]
ADMINISTRATION	行政部门 [xíngzhèng bùmén]
STAFF ONLY	员工通道 [yuángōng tōngdào]

BEWARE OF THE DOG!	当心有狗！ [dāngxīn yǒu gǒu!]
NO SMOKING!	禁止吸烟 [jìnzhǐ xīyān]
DO NOT TOUCH!	禁止触摸 [jìnzhǐ chùmō]
DANGEROUS	危险 [wéixiǎn]
DANGER	危险 [wéixiǎn]
HIGH VOLTAGE	高压危险 [gāoyā wéixiǎn]
NO SWIMMING!	禁止游泳 [jìnzhǐ yóuyǒng]

OUT OF ORDER	故障 [gùzhàng]
FLAMMABLE	易燃品 [yì rán pǐn]
FORBIDDEN	禁止 [jìnzhǐ]
NO TRESPASSING!	禁止通行 [jìnzhǐ tōng xíng]
WET PAINT	油漆未干 [yóuqī wèi gān]

CLOSED FOR RENOVATIONS	装修-暂停营业 [zhuāngxiū-zàntíng yíngyè]
WORKS AHEAD	前方施工 [qiánfāng shīgōng]
DETOUR	绕行 [rào xíng]

Transportation. General phrases

plane	飞机 [fēijī]
train	火车 [huǒchē]
bus	公交车 [gōngjiāo chē]
ferry	渡轮 [dùlún]
taxi	出租车 [chūzū chē]
car	汽车 [qìchē]
schedule	时刻表 [shíkè biǎo]
Where can I see the schedule?	在哪里可以看到时刻表? [zài nǎlǐ kěyǐ kàn dào shíkè biǎo?]
workdays (weekdays)	工作日 [gōngzuòrì]
weekends	休息日 [xiūxírì]
holidays	节假日 [jiéjiàrì]
DEPARTURE	出发 [chūfā]
ARRIVAL	到达 [dàodá]
DELAYED	延迟 [yánchí]
CANCELED	取消 [qǔxiāo]
next (train, etc.)	下一班 [xià yī bān]
first	第一班 [dì yī bān]
last	最后一班 [zuìhòu yī bān]
When is the next ...?	下一班…是几点? [xià yī bān ... shì jǐ diǎn?]
When is the first ...?	第一班…是几点? [dì yī bān ... shì jǐ diǎn?]

When is the last ...?

最后一班···是几点？
[zuìhòu yī bān ... shì jǐ diǎn?]

transfer (change of trains, etc.)

换乘
[huàn chéng]

to make a transfer

换乘
[huàn chéng]

Do I need to make a transfer?

我中途需要换乘吗？
[wǒ zhōngtú xūyào huàn chéng ma?]

Buying tickets

Where can I buy tickets?	到哪里买票? [dào nǎlǐ mǎi piào?]
ticket	票 [piào]
to buy a ticket	去买一张票 [qù mǎi yī zhāng piào]
ticket price	票价 [piào jià]
Where to?	到哪里? [dào nǎlǐ?]
To what station?	到哪站? [dào nǎ zhàn?]
I need ...	我要··· [wǒ yào ...]
one ticket	1张票 [yì zhāng piào]
two tickets	2张票 [liǎng zhāng piào]
three tickets	3张票 [sān zhāng piào]
one-way	单程 [dānchéng]
round-trip	往返 [wǎngfǎn]
first class	一等座 [yī děng zuò]
second class	二等座 [èr děng zuò]
today	今天 [jīntiān]
tomorrow	明天 [míngtiān]
the day after tomorrow	后天 [hòutiān]
in the morning	上午 [shàngwǔ]
in the afternoon	中午 [zhōngwǔ]
in the evening	晚间 [wǎnjiān]

aisle seat	靠过道座位 [kào guòdào zuòwèi]
window seat	靠窗座位 [kào chuāng zuòwèi]
How much?	多少钱? [duōshǎo qián?]
Can I pay by credit card?	我能用信用卡付款吗? [wǒ néng yòng xìnyòngkǎ fùkuǎn ma?]

Bus

bus	公交车 [gōngjiāo chē]
intercity bus	长途客车 [chángtú kèchē]
bus stop	巴士站 [bāshì zhàn]
Where's the nearest bus stop?	最近的巴士站在哪里？ [zuìjìn de bāshì zhàn zài nǎlǐ?]
number (bus ~, etc.)	号码 [hàomǎ]
Which bus do I take to get to …?	哪路公交车到…？ [nǎ lù gōngjiāo chē dào … ?]
Does this bus go to …?	这个公交车到…吗？ [zhège gōngjiāo chē dào … ma?]
How frequent are the buses?	这路公交车多长时间一趟？ [zhè lù gōngjiāo chē duō cháng shíjiān yī tàng?]
every 15 minutes	15分钟一趟 [shíwǔ fēnzhōng yī tàng]
every half hour	半个小时一趟 [bàn gè xiǎoshíyī tàng]
every hour	每小时一趟 [měi xiǎoshí yī tàng]
several times a day	一天几趟 [yītiān jǐ tàng]
… times a day	一天…趟 [yītiān … tàng]
schedule	时刻表 [shíkè biǎo]
Where can I see the schedule?	在哪里可以看到时刻表？ [zài nǎlǐ kěyǐ kàn dào shíkè biǎo?]
When is the next bus?	下班车几点到？ [xiàbānchē jǐ diǎn dào?]
When is the first bus?	第一班车是几点？ [dì yī bānchē shì jǐ diǎn?]
When is the last bus?	最后一班车是几点？ [zuìhòu yī bān chē shì jǐ diǎn?]
stop	站 [zhàn]

next stop	下一站
	[xià yí zhàn]
last stop (terminus)	上一站
	[shàng yí zhàn]
Stop here, please.	请在这里停车。
	[qǐng zài zhèlǐ tíngchē]
Excuse me, this is my stop.	不好意思，我要下车。
	[bù hǎoyìsi, wǒ yào xià chē]

Train

train	火车 [huǒchē]
suburban train	市郊火车 [shìjiāo huǒchē]
long-distance train	长途列车 [chángtú lièchē]
train station	火车站 [huǒchē zhàn]
Excuse me, where is the exit to the platform?	请问，站台的出口在哪里？ [qǐngwèn, zhàntái de chūkǒu zài nǎlǐ?]

Does this train go to ...?	这个火车到…吗？ [zhège huǒchē dào ... ma?]
next train	下一趟火车 [xià yī tàng huǒchē]
When is the next train?	下趟火车是什么时候？ [xià tàng huǒchē shì shénme shíhòu?]
Where can I see the schedule?	在哪里可以看到时刻表？ [zài nǎlǐ kěyǐ kàn dào shíkè biǎo?]
From which platform?	在哪个站台？ [zài nǎge zhàntái?]
When does the train arrive in ...?	火车什么时候到达…？ [huǒchē shénme shíhòu dàodá ... ?]

Please help me.	请帮帮我。 [qǐng bāng bāng wǒ]
I'm looking for my seat.	我在找我的座位。 [wǒ zài zhǎo wǒ de zuòwèi]
We're looking for our seats.	我们在找我们的座位。 [wǒmen zài zhǎo wǒmen de zuòwèi]
My seat is taken.	我的座位被占了。 [wǒ de zuòwèi bèi zhànle]
Our seats are taken.	我们的座位被占了。 [wǒmen de zuòwèi bèi zhànle]

I'm sorry but this is my seat.	对不起，这是我的座位。 [duìbùqǐ, zhè shì wǒ de zuòwèi]
Is this seat taken?	这个位置有人坐吗？ [zhège wèizhì yǒurén zuò ma?]
May I sit here?	我能坐这里吗？ [wǒ néng zuò zhèlǐ ma?]

On the train. Dialogue (No ticket)

Ticket, please.
请出示你的车票。
[qǐng chūshì nǐ de jū piào]

I don't have a ticket.
我没有车票。
[wǒ méiyǒu chēpiào]

I lost my ticket.
我的车票丢了。
[wǒ de jū piào diūle]

I forgot my ticket at home.
我的车票忘在家里了。
[wǒ de jū piào wàng zài jiālǐle]

You can buy a ticket from me.
你可以从我这里买票。
[nǐ kěyǐ cóng wǒ zhèlǐ mǎi piào]

You will also have to pay a fine.
你还得交罚款。
[nǐ hái dé jiāo fákuǎn]

Okay.
好的。
[hǎo de]

Where are you going?
你要去哪里？
[nǐ yào qù nǎlǐ?]

I'm going to …
我要去…
[wǒ yào qù …]

How much? I don't understand.
多少钱？我不明白。
[duōshǎo qián? wǒ bù míngbái]

Write it down, please.
请写下来。
[qǐng xiě xiàlái]

Okay. Can I pay with a credit card?
好的。我能用信用卡支付吗？
[hǎo de. wǒ néng yòng xìnyòngkǎ zhīfù ma?]

Yes, you can.
好的，可以。
[hǎo de, kěyǐ]

Here's your receipt.
这是您的收据。
[zhè shì nín de shōujù]

Sorry about the fine.
请您谅解罚款事宜。
[qǐng nín liàngjiě fákuǎn shìyí]

That's okay. It was my fault.
没关系。是我的错。
[méiguānxì. shì wǒ de cuò]

Enjoy your trip.
旅途愉快。
[lǚtú yúkuài]

Taxi

taxi	出租车 [chūzū chē]
taxi driver	出租车司机 [chūzū chē sījī]
to catch a taxi	叫出租车 [jiào chūzū chē]
taxi stand	出租车停车场 [chūzū chē tíngchē chǎng]
Where can I get a taxi?	我在哪里能乘坐出租车? [wǒ zài nǎlǐ néng chéngzuò chūzū chē?]
to call a taxi	叫出租车 [jiào chūzū chē]
I need a taxi.	我需要一辆出租车。 [wǒ xūyào yī liàng chūzū chē]
Right now.	现在。 [xiànzài]
What is your address (location)?	您在什么位置? [nín zài shénme wèizhì?]
My address is ...	我的地址是… [wǒ dìdizhǐshì …]
Your destination?	您要去哪儿? [nín yào qù nǎ'er?]
Excuse me, ...	请问,… [qǐngwèn, …]
Are you available?	您这是空车吗? [nín zhè shì kōng chē ma?]
How much is it to get to ... ?	到…多少钱? [dào … duōshǎo qián?]
Do you know where it is?	你知道这个地方在哪里吗? [nǐ zhīdào zhège dìfāng zài nǎlǐ ma?]
Airport, please.	请到机场 [qǐng dào jīchǎng]
Stop here, please.	请停在这里 [qǐng tíng zài zhèlǐ]
It's not here.	不是这里。 [bùshì zhèlǐ]
This is the wrong address.	这地址不对。 [zhè dìzhǐ bùduì]
Turn left.	向左 [xiàng zuǒ]
Turn right.	向右 [xiàng yòu]

How much do I owe you?	我应该给您多少钱？ [wǒ yīnggāi gěi nín duōshǎo qián?]
I'd like a receipt, please.	请给我发票。 [qǐng gěi wǒ fāpiào]
Keep the change.	不用找了。 [bùyòng zhǎole]

Would you please wait for me?	请等我… [qǐng děng wǒ …]
five minutes	5分钟 [wǔ fēnzhōng]
ten minutes	10分钟 [shí fēnzhōng]
fifteen minutes	15分钟 [shíwǔ fēnzhōng]
twenty minutes	20分钟 [èrshí fēnzhōng]
half an hour	半小时 [bàn xiǎoshí]

Hotel

Hello.	你好。 [nǐ hǎo]
My name is ...	我叫… [wǒ jiào …]
I have a reservation.	我已预定房间。 [wǒ yǐ yùdìng fángjiān]

I need ...	我需要… [wǒ xūyào …]
a single room	单人间 [dān rénjiān]
a double room	双人间 [shuāng rénjiān]
How much is that?	多少钱? [duōshǎo qián?]
That's a bit expensive.	这个有点贵。 [zhège yǒudiǎn guì]

Do you have any other options?	你们还有其他房间吗? [nǐmen hái yǒu qítā fángjiān ma?]
I'll take it.	我就订这个了。 [wǒ jiù dìng zhègele]
I'll pay in cash.	我付现金。 [wǒ fù xiànjīn]

I've got a problem.	我房间有点小问题。 [wǒ fángjiān yǒudiǎn xiǎo wèntí]
My ... is broken.	我房间里的…坏了。 [wǒ fángjiān lǐ de … huàile]
My ... is out of order.	我房间里的…不好用了。 [wǒ fángjiān lǐ de … bù hǎo yòngle]
TV	电视 [diànshì]
air conditioning	空调 [kòngtiáo]
tap	水龙头 [shuǐlóngtóu]

shower	淋浴 [línyù]
sink	洗手盆 [xǐshǒu pén]
safe	保险箱 [bǎoxiǎnxiāng]

door lock	门锁 [mén suǒ]
electrical outlet	插座 [chāzuò]
hairdryer	吹风筒 [chuīfēng tǒng]

I don't have ...	我的房间里没有… [wǒ de fángjiān lǐ méiyǒu …]
water	水 [shuǐ]
light	光 [guāng]
electricity	电 [diàn]

Can you give me ...?	你能给我…吗？ [nǐ néng gěi wǒ … ma?]
a towel	一条毛巾 [yītiáo máojīn]
a blanket	一条毛毯 [yītiáo máotǎn]
slippers	一双拖鞋 [yīshuāng tuōxié]
a robe	一件浴衣 [yī jiàn yùyī]
shampoo	一些洗发水 [yīxiē xǐ fà shuǐ]
soap	一块肥皂 [yīkuài féizào]

I'd like to change rooms.	我想换个房间。 [wǒ xiǎng huàngè fángjiān]
I can't find my key.	我找不到自己的钥匙。 [wǒ zhǎo bù dào zìjǐ de yàoshi]
Could you open my room, please?	请帮我打开房间。 [qǐng bāng wǒ dǎkāi fángjiān]
Who's there?	谁啊？ [shuí a?]
Come in!	进来。 [jìnlái]
Just a minute!	稍等！ [shāo děng!]
Not right now, please.	请稍等。 [qǐng shāo děng]

Come to my room, please.	请到我的房间来。 [qǐng dào wǒ de fángjiān lái]
I'd like to order food service.	我想订餐。 [wǒ xiǎng dìngcān]
My room number is ...	我的房间号码是… [wǒ de fángjiān hàomǎ shì …]

I'm leaving …	我乘车离开… [wǒ chéng chē líkāi …]
We're leaving …	我们乘车离开… [wǒmen chéng chē líkāi …]
right now	现在 [xiànzài]
this afternoon	今天下午 [jīntiān xiàwǔ]
tonight	今天晚上 [jīntiān wǎnshàng]
tomorrow	明天 [míngtiān]
tomorrow morning	明天上午 [míngtiān shàngwǔ]
tomorrow evening	明天晚上 [míngtiān wǎnshàng]
the day after tomorrow	后天 [hòutiān]

I'd like to pay.	我想结账。 [wǒ xiǎng jiézhàng]
Everything was wonderful.	一切都很好。 [yīqiè dōu hěn hǎo]
Where can I get a taxi?	我在哪里能乘坐出租车? [wǒ zài nǎlǐ néng chéngzuò chūzū chē?]
Would you call a taxi for me, please?	您能帮我叫一辆出租车吗? [nín néng bāng wǒ jiào yī liàng chūzū chē ma?]

Restaurant

Can I look at the menu, please?	我能看一下菜单吗？ [wǒ néng kàn yīxià càidān ma?]
Table for one.	一人桌。 [yīrén zhuō]
There are two (three, four) of us.	我们一共两个（三个，四个）人。 [wǒmen yīgòng liǎng gè (sān gè, sì gè) rén]
Smoking	吸烟区 [xīyān qū]
No smoking	非吸烟区 [fēi xīyān qū]
Excuse me! (addressing a waiter)	劳驾！ [láojià!]
menu	菜单 [càidān]
wine list	酒类一览表 [jiǔ lèi yīlǎnbiǎo]
The menu, please.	请给我菜单。 [qǐng gěi wǒ càidān]
Are you ready to order?	您要点菜了吗？ [nín yàodiǎn càile ma?]
What will you have?	您要点什么？ [nín yàodiǎn shénme?]
I'll have ...	我想点… [wǒ xiǎng diǎn ...]
I'm a vegetarian.	我吃素。 [wǒ chīsù]
meat	肉 [ròu]
fish	鱼 [yú]
vegetables	蔬菜 [shūcài]
Do you have vegetarian dishes?	你们餐厅供应素食餐吗？ [nǐmen cāntīng gōngyìng sùshí cān ma?]
I don't eat pork.	我不吃猪肉。 [wǒ bù chī zhūròu]
He /she/ doesn't eat meat.	他 /她/ 不吃肉。 [tā bù chī ròu]

I am allergic to …

我对…过敏。
[wǒ duì … guòmǐn]

Would you please bring me …

请给我…
[qǐng gěi wǒ …]

salt | pepper | sugar

盐 | 胡椒粉 | 糖
[yán | hújiāo fěn | táng]

coffee | tea | dessert

咖啡 | 茶 | 甜点
[kāfēi | chá | tiándiǎn]

water | sparkling | plain

水 | 汽水 | 无气
[shuǐ | qìshuǐ | wú qì]

a spoon | fork | knife

一个汤匙 | 叉 | 刀
[yīgè tāngchí | chā | dāo]

a plate | napkin

一个 盘子 | 餐巾
[yīgè pánzi | cānjīn]

Enjoy your meal!

祝您用餐愉快!
[zhù nín yòngcān yúkuài!]

One more, please.

请再来一些。
[qǐng zàilái yīxiē]

It was very delicious.

这个非常好吃。
[zhège fēicháng hào chī]

check | change | tip

结账 | 找零 | 小费
[jiézhàng | zhǎo líng | xiǎofèi]

Check, please.
(Could I have the check, please?)

请买单。
[qǐng mǎidān]

Can I pay by credit card?

我能用信用卡付款吗?
[wǒ néng yòng xìnyòngkǎ fùkuǎn ma?]

I'm sorry, there's a mistake here.

对不起,这里有错误。
[duìbùqǐ, zhè li yǒu cuòwù]

Shopping

Can I help you?	您需要帮助吗？ [nín xūyào bāngzhù ma?]
Do you have ...?	您有···吗？ [nín yǒu ... ma?]
I'm looking for ...	我在找··· [wǒ zài zhǎo ...]
I need ...	我需要··· [wǒ xūyào ...]

I'm just looking.	我只是看看。 [wǒ zhǐshì kàn kàn]
We're just looking.	我们只是看看。 [wǒmen zhǐshì kàn kàn]
I'll come back later.	我一会回来。 [wǒ yī huǐ huílái]
We'll come back later.	我们一会再来。 [wǒmen yī huǐ zàilái]
discounts | sale	折扣 ┃ 出售 [zhékòu | chūshòu]

Would you please show me ...	请给我看看··· [qǐng gěi wǒ kàn kàn ...]
Would you please give me ...	请给我··· [qǐng gěi wǒ ...]
Can I try it on?	我能试一下这个吗？ [wǒ néng shì yīxià zhège ma?]
Excuse me, where's the fitting room?	请问，哪里有试衣间？ [qǐngwèn, nǎ li yǒu shì yī jiān?]
Which color would you like?	你想要哪个颜色？ [nǐ xiǎng yào nǎge yánsè?]
size | length	尺寸 ┃ 长度 [chǐcùn | chángdù]
How does it fit?	合身吗？ [héshēn ma?]

How much is it?	多少钱？ [duōshǎo qián?]
That's too expensive.	太贵了。 [tài guìle]
I'll take it.	我买了。 [wǒ mǎile]
Excuse me, where do I pay?	请问，在哪里付款？ [qǐngwèn, zài nǎlǐ fùkuǎn?]

Will you pay in cash or credit card?

您是现今还是信用卡支付?
[nín shì xiànjīn háishì xìnyòngkǎ zhīfù?]

In cash | with credit card

用现金 | 用信用卡
[yòng xiànjīn | yòng xìnyòngkǎ]

Do you want the receipt?

您需要收据吗?
[nín xūyào shōujù ma?]

Yes, please.

要，谢谢。
[yào, xièxiè]

No, it's OK.

不用，没关系。
[bùyòng, méiguānxì]

Thank you. Have a nice day!

谢谢。祝您愉快！
[xièxiè. zhù nín yúkuài!]

In town

Excuse me, please.	请问，… [qǐngwèn, …]
I'm looking for …	我在找… [wǒ zài zhǎo …]
the subway	地铁 [dìtiě]
my hotel	我的旅店 [wǒ de lǚdiàn]
the movie theater	电影院 [diànyǐngyuàn]
a taxi stand	出租车候车处 [chūzū chē hòuchē chù]
an ATM	银行取款机 [yínháng qǔkuǎn jī]
a foreign exchange office	外汇兑换 [wàihuì duìhuàn]
an internet café	网吧 [wǎngbā]
… street	…街 [… jiē]
this place	这个地方 [zhège dìfāng]
Do you know where … is?	您知道…在哪里吗？ [nín zhīdào…zài nǎlǐ ma?]
Which street is this?	这条街道叫什么名字？ [zhè tiáo jiēdào jiào shénme míngzi?]
Show me where we are right now.	告诉我我们现在的位置。 [gàosù wǒ wǒmen xiànzài de wèizhì.]
Can I get there on foot?	我能走路去那里吗？ [wǒ néng zǒulù qù nàlǐ ma?]
Do you have a map of the city?	您有城市地图吗？ [nín yǒu chéngshì dìtú ma?]
How much is a ticket to get in?	门票多少钱？ [ménpiào duōshǎo qián?]
Can I take pictures here?	能在这里照相吗？ [néng zài zhèlǐ zhàoxiàng ma?]
Are you open?	你们开业了吗？ [nǐmen kāiyèle ma?]

When do you open?

几点开业?
[jǐ diǎn kāiyè?]

When do you close?

几点歇业?
[jǐ diǎn xiēyè?]

Money

money	钱 [qián]
cash	现金 [xiànjīn]
paper money	纸币 [zhǐbì]
loose change	零钱 [língqián]
check | change | tip	结账 ｜ 找零 ｜ 小费 [jiézhàng | zhǎo líng | xiǎofèi]
credit card	信用卡 [xìnyòngkǎ]
wallet	钱包 [qiánbāo]
to buy	去买 [qù mǎi]
to pay	去支付 [qù zhīfù]
fine	罚款 [fákuǎn]
free	免费 [miǎnfèi]
Where can I buy ...?	在哪里能买到…? [zài nǎlǐ néng mǎi dào … ?]
Is the bank open now?	银行现在开门了吗? [yínháng xiànzài kāiménle ma?]
When does it open?	什么时候开门? [shénme shíhòu kāimén?]
When does it close?	什么时候关门? [shénme shíhòu guānmén?]
How much?	多少钱? [duōshǎo qián?]
How much is this?	这个多少钱? [zhège duōshǎo qián?]
That's too expensive.	太贵了。 [tài guìle]
Excuse me, where do I pay?	请问，在哪里付款? [qǐngwèn, zài nǎlǐ fùkuǎn?]
Check, please.	请结账。 [qǐng jiézhàng]

Can I pay by credit card?	我能用信用卡付款吗？
	[wǒ néng yòng xìnyòngkǎ fùkuǎn ma?]
Is there an ATM here?	这里有银行取款机吗？
	[zhè li yǒu yínháng qǔkuǎn jī ma?]
I'm looking for an ATM.	我在找银行取款机。
	[wǒ zài zhǎo yínháng qǔkuǎn jī]

I'm looking for a foreign exchange office.	我在找外汇兑换除。
	[wǒ zài zhǎo wàihuì duìhuàn chú]
I'd like to change …	我想兑换…
	[wǒ xiǎng duìhuàn …]
What is the exchange rate?	汇率是多少？
	[huìlǜ shì duōshǎo?]
Do you need my passport?	需要我的护照吗？
	[xūyào wǒ de hùzhào ma?]

Time

What time is it?	几点了? [jǐ diǎnle?]
When?	什么时候? [shénme shíhòu?]
At what time?	几点? [jǐ diǎn?]
now | later | after ...	现在 | 以后 | 在…之后 [xiànzài | yǐhòu | zài ... zhīhòu]
one o'clock	一点整 [yīdiǎn zhěng]
one fifteen	一点十五分 [yīdiǎn shíwǔ fēn]
one thirty	一点半 [yīdiǎn bàn]
one forty-five	一点四十五分 [yīdiǎn sìshíwǔ fēn]
one | two | three	一 | 二 | 三 [yī | èr | sān]
four | five | six	四 | 五 | 六 [sì | wǔ | liù]
seven | eight | nine	七 | 八 | 九 [qī | bā | jiǔ]
ten | eleven | twelve	十 | 十一 | 十二 [shí | shí yī | shí'èr]
in ...	在…之内 [zài ... zhī nèi]
five minutes	5分钟 [wǔ fēnzhōng]
ten minutes	10分钟 [shí fēnzhōng]
fifteen minutes	15分钟 [shíwǔ fēnzhōng]
twenty minutes	20分钟 [èrshí fēnzhōng]
half an hour	半小时 [bàn xiǎoshí]
an hour	一个小时 [yīgè xiǎoshí]

in the morning	上午 [shàngwǔ]
early in the morning	清晨 [qīngchén]
this morning	今天上午 [jīntiān shàngwǔ]
tomorrow morning	明天上午 [míngtiān shàngwǔ]

at noon	在中午 [zài zhōngwǔ]
in the afternoon	在下午 [zài xiàwǔ]
in the evening	在晚上 [zài wǎnshàng]
tonight	今天晚上 [jīntiān wǎnshàng]

at night	在半夜 [zài bànyè]
yesterday	昨天 [zuótiān]
today	今天 [jīntiān]
tomorrow	明天 [míngtiān]
the day after tomorrow	后天 [hòutiān]

What day is it today?	今天是星期几？ [jīntiān shì xīngqí jǐ?]
It's …	今天是… [jīntiān shì…]
Monday	星期一 [xīngqí yī]
Tuesday	星期二 [xīngqí'èr]
Wednesday	星期三 [xīngqísān]

Thursday	星期四 [xīngqísì]
Friday	星期五 [xīngqíwǔ]
Saturday	星期六 [xīngqíliù]
Sunday	星期天 [xīngqítiān]

Greetings. Introductions

Hello.	您好。 [nín hǎo]
Pleased to meet you.	很高兴见到您。 [hěn gāoxìng jiàn dào nín]
Me too.	我也是。 [wǒ yěshì]
I'd like you to meet …	给您介绍一下，这是… [gěi nín jièshào yīxià, zhè shì …]
Nice to meet you.	很高兴认识您。 [hěn gāoxìng rènshí nín]

How are you?	你好吗？ [nǐ hǎo ma?]
My name is …	我叫… [wǒ jiào …]
His name is …	他叫… [tā jiào …]
Her name is …	她叫… [tā jiào …]
What's your name?	您叫什么名字？ [nín jiào shénme míngzì?]
What's his name?	他叫什么名字？ [tā jiào shénme míngzì?]
What's her name?	她叫什么名字？ [tā jiào shénme míngzì?]

What's your last name?	您姓什么？ [nín xìng shénme?]
You can call me …	您可以叫我… [nín kěyǐ jiào wǒ …]
Where are you from?	您来自哪里？ [nín láizì nǎlǐ?]
I'm from …	我来自… [wǒ láizì …]
What do you do for a living?	您是做什么的？ [nín shì zuò shénme de?]
Who is this?	这是谁？ [zhè shì shuí?]
Who is he?	他是谁？ [tā shì shuí?]
Who is she?	她是谁？ [tā shì shuí?]
Who are they?	他们是谁？ [tāmen shì shuí?]

This is ...

这是···
[zhè shì ...]

my friend (masc.)

我的朋友
[wǒ de péngyǒu]

my friend (fem.)

我的朋友
[wǒ de péngyǒu]

my husband

我的丈夫
[wǒ de zhàngfū]

my wife

我的妻子
[wǒ de qīzi]

my father

我的父亲
[wǒ de fùqīn]

my mother

我的母亲
[wǒ de mǔqīn]

my brother

我的哥哥 ｜ 我的弟弟
[wǒ dí gēgē | wǒ de dì dì]

my sister

我的姐姐 ｜ 我的妹妹
[wǒ de jiějiě | wǒ de mèimei]

my son

我的儿子
[wǒ de érzi]

my daughter

我的女儿
[wǒ de nǚ'ér]

This is our son.

这是我们的儿子。
[zhè shì wǒmen de érzi]

This is our daughter.

这是我们的女儿。
[zhè shì wǒmen de nǚ'ér]

These are my children.

这是我的孩子们。
[zhè shì wǒ de háizimen]

These are our children.

这是我们的孩子们。
[zhè shì wǒmen de háizimen]

Farewells

Good bye!	再见! [zàijiàn!]
Bye! (inform.)	拜拜! [bàibài!]
See you tomorrow.	明天见。 [míngtiān jiàn]
See you soon.	一会见。 [yī huǐ jiàn]
See you at seven.	7点见。 [qī diǎn jiàn]
Have fun!	玩的开心! [wán de kāixīn!]
Talk to you later.	以后再聊。 [yǐhòu zài liáo]
Have a nice weekend.	周末愉快。 [zhōumò yúkuài]
Good night.	晚安。 [wǎn'ān]
It's time for me to go.	我得走了。 [wǒ dé zǒuliǎo]
I have to go.	我要走了。 [wǒ yào zǒuliǎo]
I will be right back.	我马上回来。 [wǒ mǎshàng huílái]
It's late.	已经很晚了。 [yǐjīng hěn wǎnle]
I have to get up early.	我要早起。 [wǒ yào zǎoqǐ]
I'm leaving tomorrow.	我明天就走了。 [wǒ míngtiān jiù zǒuliǎo]
We're leaving tomorrow.	我们明天就走了。 [wǒmen míngtiān jiù zǒuliǎo]
Have a nice trip!	旅途愉快! [lǚtú yúkuài!]
It was nice meeting you.	很高兴认识你。 [hěn gāoxìng rènshí nǐ]
It was nice talking to you.	很高兴与你聊天。 [hěn gāoxing yǔ nǐ liáotiān]
Thanks for everything.	谢谢你为我做的一切。 [xièxiè nǐ wèi wǒ zuò de yīqiè]

I had a very good time.

我过的非常开心。
[wǒguò de fēicháng kāixīn]

We had a very good time.

我们过的非常开心。
[wǒmenguò de fēicháng kāixīn]

It was really great.

真的太棒了。
[zhēn de tài bàngle]

I'm going to miss you.

我会想念你的。
[wǒ huì xiǎngniàn nǐ de]

We're going to miss you.

我们会想念你的。
[wǒmen huì xiǎngniàn nǐ de]

Good luck!

祝你好运！
[zhù nǐ hǎo yùn!]

Say hi to ...

代我向…问好
[dài wǒ xiàng … wènhǎo]

Foreign language

I don't understand.	我没听懂。 [wǒ méi tīng dǒng]
Write it down, please.	请您把它写下来，好吗？ [qǐng nín bǎ tā xiě xiàlái, hǎo ma?]
Do you speak ...?	您能说…？ [nín néng shuō ... ?]

I speak a little bit of ...	我会一点点… [wǒ huì yī diǎndiǎn ...]
English	英语 [yīngyǔ]
Turkish	土耳其语 [tǔ'ěrqí yǔ]
Arabic	阿拉伯语 [ālābó yǔ]
French	法语 [fǎyǔ]

German	德语 [déyǔ]
Italian	意大利语 [yìdàlì yǔ]
Spanish	西班牙语 [xībānyá yǔ]
Portuguese	葡萄牙语 [pútáoyá yǔ]
Chinese	汉语 [hànyǔ]
Japanese	日语 [rìyǔ]

Can you repeat that, please.	请再说一遍。 [qǐng zàishuō yībiàn]
I understand.	我明白了。 [wǒ míngbáile]
I don't understand.	我没听懂。 [wǒ méi tīng dǒng]
Please speak more slowly.	请说慢一点。 [qǐng shuō màn yī diǎn]

| Is that correct? (Am I saying it right?) | 对吗？
[duì ma?] |
| What is this? (What does this mean?) | 这是什么？
[zhè shì shénme?] |

Apologies

Excuse me, please.	请原谅。 [qǐng yuánliàng]
I'm sorry.	我很抱歉。 [wǒ hěn bàoqiàn]
I'm really sorry.	我真的很抱歉。 [wǒ zhēn de hěn bàoqiàn]
Sorry, it's my fault.	对不起，这是我的错。 [duìbùqǐ, zhè shì wǒ de cuò]
My mistake.	我的错。 [wǒ de cuò]

May I ...?	我可以…吗？ [wǒ kěyǐ ... ma?]
Do you mind if I ...?	如果我…，您不会反对吧？ [rúguǒ wǒ ... , nín bù huì fǎnduì ba?]
It's OK.	没事。 [méishì]
It's all right.	一切正常。 [yīqiè zhèngcháng]
Don't worry about it.	不用担心。 [bùyòng dānxīn]

Agreement

Yes.	是的。 [shì de]
Yes, sure.	是的，当然。 [shì de, dāngrán]
OK (Good!)	好的 [hǎo de]
Very well.	非常好。 [fēicháng hǎo]
Certainly!	当然。 [dāngrán]
I agree.	我同意。 [wǒ tóngyì]
That's correct.	对。 [duì]
That's right.	正确。 [zhèngquè]
You're right.	你是对的。 [nǐ shì duì de]
I don't mind.	我不介意。 [wǒ bù jièyì]
Absolutely right.	完全正确。 [wánquán zhèngquè]
It's possible.	这有可能。 [zhè yǒu kěnéng]
That's a good idea.	这是个好主意。 [zhè shìgè hǎo zhǔyì]
I can't say no.	我无法拒绝。 [wǒ wúfǎ jùjué]
I'd be happy to.	我很乐意。 [wǒ hěn lèyì]
With pleasure.	非常愿意。 [fēicháng yuànyì]

Refusal. Expressing doubt

No.	不 [bù]
Certainly not.	当然不。 [dāngrán bù]
I don't agree.	我不同意。 [wǒ bù tóngyì]
I don't think so.	我不这么认为。 [wǒ bù zhème rènwéi]
It's not true.	这不是真的。 [zhè bùshì zhēn de]
You are wrong.	您错了。 [nín cuòle]
I think you are wrong.	我觉得您错了。 [wǒ juédé nín cuòle]
I'm not sure.	我不确定。 [wǒ bù quèdìng]
It's impossible.	这不可能。 [zhè bù kěnéng]
Nothing of the kind (sort)!	不行！ [bùxíng!]
The exact opposite.	恰恰相反。 [qiàqià xiāngfǎn]
I'm against it.	我反对。 [wǒ fǎnduì]
I don't care.	我不在乎。 [wǒ bùzàihū]
I have no idea.	我一点都不知道。 [wǒ yī diǎn dōu bù zhīdào]
I doubt that.	我表示怀疑。 [wǒ biǎoshì huáiyí]
Sorry, I can't.	对不起，我不能。 [duìbùqǐ, wǒ bùnéng]
Sorry, I don't want to.	对不起，我不想。 [duìbùqǐ, wǒ bùxiǎng]
Thank you, but I don't need this.	谢谢，我不需要。 [xièxiè, wǒ bù xūyào]
It's late.	已经很晚了。 [yǐjīng hěn wǎnle]

I have to get up early.

我要早起。
[wǒ dé zǎoqǐ]

I don't feel well.

我感觉不太好。
[wǒ gǎnjué bù tài hǎo]

Expressing gratitude

Thank you.	谢谢。 [xièxiè]
Thank you very much.	多谢。 [duōxiè]
I really appreciate it.	非常感谢。 [fēicháng gǎnxiè]
I'm really grateful to you.	我真的非常感谢您。 [wǒ zhēn de fēicháng gǎnxiè nín]
We are really grateful to you.	我们真的非常感谢您。 [wǒmen zhēn de fēicháng gǎnxiè nín]
Thank you for your time.	感谢您百忙之中抽出时间。 [gǎnxiè nín bǎi máng zhī zhōng chōuchū shíjiān]
Thanks for everything.	谢谢你为我做的一切。 [xièxiè nǐ wèi wǒ zuò de yīqiè]
Thank you for ...	谢谢… [xièxiè …]
your help	您的帮助 [nín de bāngzhù]
a nice time	一段美好的时光 [yīduàn měihǎo de shíguāng]
a wonderful meal	一顿美味佳肴 [yī dùn měiwèi jiāyáo]
a pleasant evening	一个美好的夜晚 [yīgè měihǎo de yèwǎn]
a wonderful day	精彩的一天 [jīngcǎi de yītiān]
an amazing journey	一个精彩的旅程 [yīgè jīngcǎi de lǚchéng]
Don't mention it.	不值一提。 [bù zhí yī tí]
You are welcome.	不用谢。 [bùyòng xiè]
Any time.	随时效劳。 [suíshí xiàoláo]
My pleasure.	这是我的荣幸。 [zhè shì wǒ de róngxìng]

Forget it. It's alright.

别放心上。
[bié fàngxīn shàng]

Don't worry about it.

不用担心。
[bùyòng dānxīn]

Congratulations. Best wishes

Congratulations!

恭喜你！
[gōngxǐ nǐ!]

Happy birthday!

生日快乐！
[shēngrì kuàilè!]

Merry Christmas!

圣诞愉快！
[shèngdàn yúkuài!]

Happy New Year!

新年快乐！
[xīnnián kuàilè!]

Happy Easter!

复活节快乐！
[fùhuó jié kuàilè!]

Happy Hanukkah!

光明节快乐！
[guāngmíng jié kuàilè!]

I'd like to propose a toast.

我提议干杯。
[wǒ tíyì gānbēi]

Cheers!

干杯！
[gānbēi!]

Let's drink to …!

让我们为…干杯！
[ràng wǒmen wèi… gānbēi!]

To our success!

为我们的胜利干杯！
[wèi wǒmen de shènglì gānbēi!]

To your success!

为您的成功干杯！
[wèi nín de chénggōng gānbēi!]

Good luck!

祝你好运！
[zhù nǐ hǎo yùn!]

Have a nice day!

祝您愉快！
[zhù nín yúkuài!]

Have a good holiday!

祝你假期愉快！
[zhù nǐ jiàqī yúkuài!]

Have a safe journey!

祝您旅途平安！
[zhù nín lǚtú píng'ān!]

I hope you get better soon!

希望你能尽快好起来！
[xīwàng nǐ néng jǐnkuài hǎo qǐlái!]

Socializing

Why are you sad?	为什么那样悲伤啊？ [wèishéme nàyàng bēishāng a?]
Smile! Cheer up!	笑一笑！ [xiào yīxiào!]
Are you free tonight?	你今晚有空吗？ [nǐ jīn wǎn yǒu kòng ma?]

May I offer you a drink?	我能请你喝一杯吗？ [wǒ néng qǐng nǐ hè yībēi ma?]
Would you like to dance?	你想跳舞吗？ [nǐ xiǎng tiàowǔ ma?]
Let's go to the movies.	一起去看电影好吗？ [yīqǐ qù kàn diànyǐng hǎo ma?]

May I invite you to ...?	我能请你···吗？ [wǒ néng qǐng nǐ ... ma?]
a restaurant	吃饭 [chīfàn]
the movies	看电影 [kàn diànyǐng]
the theater	去剧院 [qù jùyuàn]
go for a walk	散步 [sànbù]

At what time?	几点？ [jǐ diǎn?]
tonight	今天晚上 [jīntiān wǎnshàng]
at six	6 点 [liù diǎn]
at seven	7 点 [qī diǎn]
at eight	8 点 [bā diǎn]
at nine	9 点 [jiǔ diǎn]

Do you like it here?	你喜欢这里吗？ [nǐ xǐhuān zhèlǐ ma?]
Are you here with someone?	你和谁在这里吗？ [nǐ hé shuí zài zhèlǐ ma?]
I'm with my friend.	我和我的朋友。 [wǒ hé wǒ de péngyǒu]

I'm with my friends.　　　　　　我和我的朋友们。
　　　　　　　　　　　　　　　[wǒ hé wǒ de péngyǒumen]

No, I'm alone.　　　　　　　　不，就我自己。
　　　　　　　　　　　　　　　[bù, jiù wǒ zìjǐ]

Do you have a boyfriend?　　　你有男朋友吗？
　　　　　　　　　　　　　　　[nǐ yǒu nán péngyǒu ma?]

I have a boyfriend.　　　　　　我有男朋友。
　　　　　　　　　　　　　　　[wǒ yǒu nán péngyǒu]

Do you have a girlfriend?　　　你有女朋友吗？
　　　　　　　　　　　　　　　[nǐ yǒu nǚ péngyǒu ma?]

I have a girlfriend.　　　　　　我有女朋友。
　　　　　　　　　　　　　　　[wǒ yǒu nǚ péngyǒu]

Can I see you again?　　　　　我能再见到你吗？
　　　　　　　　　　　　　　　[wǒ néng zàijiàn dào nǐ ma?]

Can I call you?　　　　　　　　我能给你打电话吗？
　　　　　　　　　　　　　　　[wǒ néng gěi nǐ dǎ diànhuà ma?]

Call me. (Give me a call.)　　给我打电话。
　　　　　　　　　　　　　　　[gěi wǒ dǎ diànhuà]

What's your number?　　　　　你的电话号码是多少？
　　　　　　　　　　　　　　　[nǐ de diànhuà hàomǎ shì duōshǎo?]

I miss you.　　　　　　　　　　我想你。
　　　　　　　　　　　　　　　[wǒ xiǎng nǐ]

You have a beautiful name.　　你的名字真好听。
　　　　　　　　　　　　　　　[nǐ de míngzì zhēn hǎotīng]

I love you.　　　　　　　　　　我爱你。
　　　　　　　　　　　　　　　[wǒ ài nǐ]

Will you marry me?　　　　　　你愿意嫁给我吗？
　　　　　　　　　　　　　　　[nǐ yuànyì jià gěi wǒ ma?]

You're kidding!　　　　　　　　您在开玩笑！
　　　　　　　　　　　　　　　[nín zài kāiwánxiào!]

I'm just kidding.　　　　　　　我只是开玩笑。
　　　　　　　　　　　　　　　[wǒ zhǐ shì kāiwánxiào]

Are you serious?　　　　　　　您是认真的？
　　　　　　　　　　　　　　　[nín shì rènzhēn de?]

I'm serious.　　　　　　　　　　我认真的。
　　　　　　　　　　　　　　　[wǒ rènzhēn de]

Really?!　　　　　　　　　　　真的吗？
　　　　　　　　　　　　　　　[zhēn de ma?]

It's unbelievable!　　　　　　　不可思议！
　　　　　　　　　　　　　　　[bùkěsīyì!]

I don't believe you.　　　　　　我不相信你。
　　　　　　　　　　　　　　　[wǒ bù xiāngxìn nǐ]

I can't.　　　　　　　　　　　　我不能。
　　　　　　　　　　　　　　　[wǒ bùnéng]

I don't know.　　　　　　　　　我不知道。
　　　　　　　　　　　　　　　[wǒ bù zhīdào]

I don't understand you.　　　　我不明白你的意思。
　　　　　　　　　　　　　　　[wǒ bù míngbái nǐ de yìsi]

Please go away.　　　　　　　　请你走开。
　　　　　　　　　　　　　　　[qǐng nǐ zǒu kāi]

Leave me alone!　　　　　　　别管我！
　　　　　　　　　　　　　　　[biéguǎn wǒ!]

I can't stand him.　　　　　　我不能忍受他。
　　　　　　　　　　　　　　　[wǒ bùnéng rěnshòu tā]

You are disgusting!　　　　　您真恶心！
　　　　　　　　　　　　　　　[nín zhēn ěxīn!]

I'll call the police!　　　　　　我要叫警察了！
　　　　　　　　　　　　　　　[wǒ yào jiào jǐngchále!]

Sharing impressions. Emotions

I like it.	我喜欢它。 [wǒ xǐhuān tā]
Very nice.	很可爱。 [hěn kě'ài]
That's great!	那太棒了！ [nà tài bàngle!]
It's not bad.	这不错。 [zhè bùcuò]

I don't like it.	我不喜欢它。 [wǒ bù xǐhuān tā]
It's not good.	这不好。 [zhè bù hǎo]
It's bad.	这不好。 [zhè bù hǎo]
It's very bad.	这非常不好。 [zhè fēicháng bù hǎo]
It's disgusting.	这个很恶心。 [zhège hěn ěxīn]

I'm happy.	我很开心。 [wǒ hěn kāixīn]
I'm content.	我很满意。 [wǒ hěn mǎnyì]
I'm in love.	我恋爱了。 [wǒ liàn'àile]
I'm calm.	我很冷静。 [wǒ hěn lěngjìng]
I'm bored.	我很无聊。 [wǒ hěn wúliáo]

I'm tired.	我累了。 [wǒ lèile]
I'm sad.	我很伤心。 [wǒ hěn shāngxīn]
I'm frightened.	我很害怕。 [wǒ hěn hàipà]

I'm angry.	我生气了。 [wǒ shēngqìle]
I'm worried.	我很担心。 [wǒ hěn dānxīn]
I'm nervous.	我很紧张。 [wǒ hěn jǐnzhāng]

I'm jealous. (envious)

我很羡慕。
[wǒ hěn xiànmù]

I'm surprised.

我很惊讶。
[wǒ hěn jīngyà]

I'm perplexed.

我很尴尬。
[wǒ hěn gāngà]

Problems. Accidents

I've got a problem.	我有麻烦了。 [wǒ yǒu máfanle]
We've got a problem.	我们有麻烦了。 [wǒmen yǒu máfanle]
I'm lost.	我迷路了。 [wǒ mílùle]
I missed the last bus (train).	我错过了最后一班公交车（火车）。 [wǒ cuòguòle zuìhòu yī bān gōngjiāo chē (huǒchē)]
I don't have any money left.	我没钱了。 [wǒ méi qiánle]
I've lost my ...	我的…丢了。 [wǒ de ... diūle]
Someone stole my ...	我的…被偷了。 [wǒ de ... bèi tōule]
passport	护照 [hùzhào]
wallet	钱包 [qiánbāo]
papers	文件 [wénjiàn]
ticket	机票 [jīpiào]
money	钱 [qián]
handbag	包 [bāo]
camera	照相机 [zhàoxiàngjī]
laptop	笔记本电脑 [bǐjiběn diànnǎo]
tablet computer	平板电脑 [píngbǎn diànnǎo]
mobile phone	手机 [shǒujī]
Help me!	帮帮我！ [bāng bāng wǒ!]
What's happened?	发生什么事了？ [fāshēng shénme shìle?]

fire	火灾 [huǒzāi]
shooting	枪击 [qiāngjī]
murder	谋杀 [móushā]
explosion	爆炸 [bàozhà]
fight	打架 [dǎjià]

Call the police!	请叫警察！ [qǐng jiào jǐngchá!]
Please hurry up!	请快点！ [qǐng kuài diǎn!]
I'm looking for the police station.	我在找警察局。 [wǒ zài zhǎo jǐngchá jú]
I need to make a call.	我需要打个电话。 [wǒ xūyào dǎ gè diànhuà]
May I use your phone?	我能用一下你的电话吗？ [wǒ néng yòng yīxià nǐ de diànhuà ma?]

I've been ...	我被…了。 [wǒ bèi ... le]
mugged	抢劫 [qiǎngjié]
robbed	偷 [tōu]
raped	强奸 [qiángjiān]
attacked (beaten up)	袭击 [xíjí]

Are you all right?	您没事吧？ [nín méishì ba?]
Did you see who it was?	你有没有看到是谁？ [nǐ yǒu méiyǒu kàn dào shì shuí?]
Would you be able to recognize the person?	你能认出那个人吗？ [nǐ néng rèn chū nàgè rén ma?]
Are you sure?	你确定？ [nǐ quèdìng?]

Please calm down.	请冷静。 [qǐng lěngjìng]
Take it easy!	冷静！ [lěngjìng!]
Don't worry!	不用担心！ [bùyòng dānxīn!]
Everything will be fine.	一切都会好的。 [yīqiè dūhuì hǎo de]
Everything's all right.	一切正常。 [yīqiè zhèngcháng]

Come here, please.

请到这里来。
[qǐng dào zhèlǐ lái]

I have some questions for you.

我有一些问题要问您。
[wǒ yǒu yīxiē wèntí yào wèn nín]

Wait a moment, please.

请等一下。
[qǐng děng yīxià]

Do you have any I.D.?

您有证件吗？
[nín yǒu zhèngjiàn ma?]

Thanks. You can leave now.

谢谢。您可以走了。
[xièxiè. nín kěyǐ zǒuliǎo]

Hands behind your head!

把手放在头上！
[bǎshǒu fàng zài tóu shàng!]

You're under arrest!

你被捕了！
[nǐ bèi bǔle!]

Health problems

Please help me.	请帮帮我。 [qǐng bāng bāng wǒ]
I don't feel well.	我感觉不舒服。 [wǒ gǎnjué bú shūfú]
My husband doesn't feel well.	我丈夫不舒服。 [wǒ zhàngfū bú shūfú]
My son …	我儿子… [wǒ érzi …]
My father …	我爸爸… [wǒ bàba …]
My wife doesn't feel well.	我妻子不舒服。 [wǒ qīzi bú shūfú]
My daughter …	我女儿… [wǒ nǚ'ér …]
My mother …	我妈妈… [wǒ māmā …]
I've got a …	我…痛。 [wǒ … tòng]
headache	头 [tóu]
sore throat	嗓子 [sǎngzi]
stomach ache	胃 [wèi]
toothache	牙 [yá]
I feel dizzy.	我头晕。 [wǒ tóuyūn]
He has a fever.	他发烧了。 [tā fāshāole]
She has a fever.	她发烧了。 [tā fāshāole]
I can't breathe.	我呼吸困难。 [wǒ hūxī kùnnán]
I'm short of breath.	我快不能呼吸了。 [wǒ kuài bùnéng hūxīle]
I am asthmatic.	我有哮喘。 [wǒ yǒu xiāochuǎn]
I am diabetic.	我有糖尿病。 [wǒ yǒu tángniàobìng]

I can't sleep.	我失眠。 [wǒ shīmián]
food poisoning	食物中毒。 [shíwù zhòngdú]

It hurts here.	这里疼。 [zhèlǐ téng]
Help me!	救命！ [jiùmìng!]
I am here!	我在这儿！ [wǒ zài zhè'er!]
We are here!	我们在这！ [wǒmen zài zhè!]
Get me out of here!	让我离开这里！ [ràng wǒ líkāi zhèlǐ!]
I need a doctor.	我需要医生。 [wǒ xūyào yīshēng]
I can't move.	我动不了。 [wǒ dòng bùliǎo]
I can't move my legs.	我的腿动不了。 [wǒ de tuǐ dòng bùliǎo]

I have a wound.	我受伤了。 [wǒ shòushāngle]
Is it serious?	很严重吗？ [hěn yánzhòng ma?]
My documents are in my pocket.	我的文件在口袋里。 [wǒ de wénjiàn zài kǒudài lǐ]
Calm down!	冷静！ [lěngjìng!]
May I use your phone?	我能用一下你的电话吗？ [wǒ néng yòng yīxià nǐ de diànhuà ma?]

Call an ambulance!	叫救护车！ [jiào jiùhù chē!]
It's urgent!	很着急！ [hěn zhāojí!]
It's an emergency!	非常紧急！ [fēicháng jǐnjí!]
Please hurry up!	请快点！ [qǐng kuài diǎn!]
Would you please call a doctor?	请叫医生。 [qǐng jiào yīshēng]
Where is the hospital?	医院在哪里？ [yīyuàn zài nǎlǐ?]

How are you feeling?	您感觉怎么样？ [nín gǎnjué zěnme yàng?]
Are you all right?	您没事吧？ [nín hái hǎo ba?]
What's happened?	发生什么事了？ [fāshēng shénme shìle?]

I feel better now.

我好多了。
[wǒ hǎoduōle]

It's OK.

没事。
[méishì]

It's all right.

已经好了。
[yǐjīng hǎole]

At the pharmacy

pharmacy (drugstore)	药店 [yàodiàn]
24-hour pharmacy	24四小时药店 [èrshí sì xiǎoshí yàodiàn]
Where is the closest pharmacy?	最近的药店在哪里？ [zuìjìn di yàodiàn zài nǎlǐ?]
Is it open now?	现在营业吗？ [xiànzài yíngyè ma?]
At what time does it open?	几点开门？ [jǐ diǎn kāimén?]
At what time does it close?	几点关门？ [jǐ diǎn guānmén?]
Is it far?	那里远吗？ [nàlǐ yuǎn ma?]
Can I get there on foot?	我能走路去那里吗？ [wǒ néng zǒulù qù nàlǐ ma?]
Can you show me on the map?	能在地图上指出来吗？ [néng zài dìtú shàng zhǐchū lái ma?]
Please give me something for ...	请给我治…的药。 [qǐng gěi wǒ zhì ... di yào]
a headache	头疼 [tóuténg]
a cough	咳嗽 [késòu]
a cold	感冒 [gǎnmào]
the flu	流感 [liúgǎn]
a fever	发烧 [fāshāo]
a stomach ache	胃疼 [wèi téng]
nausea	恶心 [ěxīn]
diarrhea	腹泻 [fùxiè]
constipation	便秘 [biànmì]

pain in the back	背痛 [bèi tòng]
chest pain	胸痛 [xiōngtòng]
side stitch	岔气 [chàqì]
abdominal pain	腹痛 [fùtòng]

pill	药片，药丸 [yàopiàn, yàowán]
ointment, cream	软膏，霜 [ruǎngāo, shuāng]
syrup	糖浆 [tángjiāng]
spray	喷雾 [pēnwù]
drops	滴液 [dī yè]

You need to go to the hospital.	你需要去医院。 [nǐ xūyào qù yīyuàn]
health insurance	医疗保险 [yīliáo bǎoxiǎn]
prescription	处方 [chǔfāng]
insect repellant	驱虫剂 [qū chóng jì]
Band Aid	创可贴 [chuàngkětiē]

The bare minimum

Excuse me, ...	请问，… [qǐngwèn, ...]
Hello.	你好。 ｜ 你们好。 [nǐ hǎo | nǐmen hǎo]
Thank you.	谢谢。 [xièxiè]
Good bye.	再见。 [zàijiàn]
Yes.	是的。 [shì de]
No.	不 [bù]
I don't know.	我不知道。 [wǒ bù zhīdào]
Where? | Where to? | When?	哪里？ ｜ 到哪里？ ｜ 什么时候？ [nǎlǐ? | dào nǎlǐ? | shénme shíhòu?]

I need ...	我需要… [wǒ xūyào ...]
I want ...	我想要… [wǒ xiǎng yào ...]
Do you have ...?	您有…吗？ [nín yǒu ... ma?]
Is there a ... here?	这里有…吗？ [zhè li yǒu ... ma?]
May I ...?	我可以…吗？ [wǒ kěyǐ ... ma?]
..., please (polite request)	请 [qǐng]

I'm looking for ...	我在找… [wǒ zài zhǎo ...]
restroom	休息室 [xiūxí shì]
ATM	银行取款机 [yínháng qǔkuǎn jī]
pharmacy (drugstore)	药店 [yàodiàn]
hospital	医院 [yīyuàn]
police station	警察局 [jǐngchá jú]
subway	地铁 [dìtiě]

taxi	出租车 [chūzū chē]
train station	火车站 [huǒchē zhàn]

My name is ...	我叫··· [wǒ jiào ...]
What's your name?	您叫什么名字？ [nín jiào shénme míngzì?]
Could you please help me?	请帮助我。 [qǐng bāngzhù wǒ]
I've got a problem.	我有麻烦了。 [wǒ yǒu máfanle]
I don't feel well.	我感觉不舒服。 [wǒ gǎnjué bú shūfú]
Call an ambulance!	叫救护车！ [jiào jiùhù chē!]
May I make a call?	我可以打个电话吗？ [wǒ kěyǐ dǎ gè diànhuà ma?]

I'm sorry.	对不起。 [duìbùqǐ]
You're welcome.	不客气。 [bù kèqì]

I, me	我 [wǒ]
you (inform.)	你 [nǐ]
he	他 [tā]
she	她 [tā]
they (masc.)	他们 [tāmen]
they (fem.)	她们 [tāmen]
we	我们 [wǒmen]
you (pl)	你们 [nǐmen]
you (sg, form.)	您 [nín]

ENTRANCE	入口 [rùkǒu]
EXIT	出口 [chūkǒu]
OUT OF ORDER	故障 [gùzhàng]
CLOSED	关门 [guānmén]

OPEN 开门
[kāimén]

FOR WOMEN 女士专用
[nǚshì zhuānyòng]

FOR MEN 男士专用
[nánshì zhuānyòng]

CONCISE
DICTIONARY

This section contains more than 1,500 useful words arranged alphabetically. The dictionary includes a lot of gastronomic terms and will be helpful when ordering food at a restaurant or buying groceries

T&P Books Publishing

DICTIONARY CONTENTS

T&P Books Publishing

T&P Books Publishing

time	时间	shí jiān
hour	小时	xiǎo shí
half an hour	半小时	bàn xiǎo shí
minute	分钟	fēn zhōng
second	秒	miǎo
today (adv)	今天	jīn tiān
tomorrow (adv)	明天	míng tiān
yesterday (adv)	昨天	zuó tiān
Monday	星期一	xīng qī yī
Tuesday	星期二	xīng qī èr
Wednesday	星期三	xīng qī sān
Thursday	星期四	xīng qī sì
Friday	星期五	xīng qī wǔ
Saturday	星期六	xīng qī liù
Sunday	星期天	xīng qī tiān
day	白天	bái tiān
working day	工作日	gōng zuò rì
public holiday	节日	jié rì
weekend	周末	zhōu mò
week	星期	xīng qī
last week (adv)	上星期	shàng xīng qī
next week (adv)	次周	cì zhōu
sunrise	日出	rì chū
sunset	日落	rì luò
in the morning	在上午	zài shàng wǔ
in the afternoon	在下午	zài xià wǔ
in the evening	在晚上	zài wǎn shang
tonight (this evening)	今晚	jīn wǎn
at night	夜间	yè jiān
midnight	午夜	wǔ yè
January	一月	yī yuè
February	二月	èr yuè
March	三月	sān yuè
April	四月	sì yuè
May	五月	wǔ yuè
June	六月	liù yuè

July	七月	qī yuè
August	八月	bā yuè
September	九月	jiǔ yuè
October	十月	shí yuè
November	十一月	shí yī yuè
December	十二月	shí èr yuè
in spring	在春季	zài chūn jì
in summer	在夏天	zài xià tiān
in fall	在秋季	zài qiū jì
in winter	在冬季	zài dōng jì
month	月，月份	yuè, yuèfèn
season (summer, etc.)	季节	jì jié
year	年	nián
century	世纪	shì jì

2. Numbers. Numerals

digit, figure	数字	shù zì
number	数	shù
minus sign	负号	fù hào
plus sign	正号	zhèng hào
sum, total	和	hé
first (adj)	第一	dì yī
second (adj)	第二	dì èr
third (adj)	第三	dì sān
0 zero	零	líng
1 one	一	yī
2 two	二	èr
3 three	三	sān
4 four	四	sì
5 five	五	wǔ
6 six	六	liù
7 seven	七	qī
8 eight	八	bā
9 nine	九	jiǔ
10 ten	十	shí
11 eleven	十一	shí yī
12 twelve	十二	shí èr
13 thirteen	十三	shí sān
14 fourteen	十四	shí sì
15 fifteen	十五	shí wǔ
16 sixteen	十六	shí liù
17 seventeen	十七	shí qī

| 18 eighteen | 十八 | shí bā |
| 19 nineteen | 十九 | shí jiǔ |

20 twenty	二十	èrshí
30 thirty	三十	sānshí
40 forty	四十	sìshí
50 fifty	五十	wǔshí

60 sixty	六十	liùshí
70 seventy	七十	qīshí
80 eighty	八十	bāshí
90 ninety	九十	jiǔshí

100 one hundred	一百	yī bǎi
200 two hundred	两百	liǎng bǎi
300 three hundred	三百	sān bǎi
400 four hundred	四百	sì bǎi
500 five hundred	五百	wǔ bǎi

600 six hundred	六百	liù bǎi
700 seven hundred	七百	qī bǎi
800 eight hundred	八百	bā bǎi
900 nine hundred	九百	jiǔ bǎi
1000 one thousand	一千	yī qiān

| 10000 ten thousand | 一万 | yī wàn |
| one hundred thousand | 十万 | shí wàn |

| million | 百万 | bǎi wàn |
| billion | 十亿 | shíyì |

3. Humans. Family

man (adult male)	男人	nán rén
young man	年轻男士	nián qīng nán shì
teenager	少年	shào nián
woman	女人	nǚ rén
girl (young woman)	姑娘	gū niang

age	年龄	nián líng
adult (adj)	成年的	chéng nián de
middle-aged (adj)	中年的	zhōng nián de
elderly (adj)	年长的	nián zhǎng de
old (adj)	老的	lǎo de

old man	老先生	lǎo xiān sheng
old woman	老妇人	lǎo fù rén
retirement	退休	tuì xiū
to retire (from job)	退休	tuì xiū
retiree	退休人员	tuì xiū rén yuán

mother	母亲	mǔ qīn
father	父亲	fù qīn
son	儿子	ér zi
daughter	女儿	nǚ ér
elder brother	哥哥	gēge
younger brother	弟弟	dìdi
elder sister	姐姐	jiějie
younger sister	妹妹	mèi mei
parents	父母	fù mǔ
child	孩子	hái zi
children	孩子们	hái zi men
stepmother	继母	jì mǔ
stepfather	继父	jì fù
grandmother	姥姥	lǎo lao
grandfather	爷爷	yé ye
grandson	孙子	sūn zi
granddaughter	孙女	sūn nǚ
grandchildren	孙子们	sūn zi men
uncle	姑爹	gū diē
aunt	姑妈	gū mā
nephew	侄子	zhí zi
niece	侄女	zhí nǚ
wife	妻子	qī zi
husband	老公	lǎo gōng
married (masc.)	结婚的	jié hūn de
married (fem.)	结婚的	jié hūn de
widow	寡妇	guǎ fu
widower	鳏夫	guān fū
name (first name)	名字	míng zi
surname (last name)	姓	xìng
relative	亲戚	qīn qi
friend (masc.)	朋友	péngyou
friendship	友谊	yǒu yì
partner	搭档	dā dàng
colleague	同事	tóng shì
neighbors	邻居们	lín jū men

4. Human body

organism (body)	人体	rén tǐ
body	身体	shēntǐ
heart	心，心脏	xīn, xīn zàng
blood	血	xuè

brain	脑	nǎo
nerve	神经	shén jīng
bone	骨头	gǔtou
skeleton	骨骼	gǔ gé
spine (backbone)	脊柱	jǐ zhù
rib	肋骨	lèi gǔ
skull	头骨	tóu gǔ
muscle	肌肉	jī ròu
lungs	肺	fèi
skin	皮肤	pí fū
head	头	tóu
face	脸，面孔	liǎn, miàn kǒng
nose	鼻子	bí zi
forehead	前额	qián é
cheek	脸颊	liǎn jiá
mouth	口，嘴	kǒu, zuǐ
tongue	舌，舌头	shé, shé tou
tooth	牙，牙齿	yá, yá chǐ
lips	唇	chún
chin	颏	kē
ear	耳朵	ěr duo
neck	颈	jǐng
throat	喉部	hóu bù
eye	眼	yǎn
pupil	瞳孔	tóng kǒng
eyebrow	眉毛	méi mao
eyelash	睫毛	jié máo
hair	头发	tóu fa
hairstyle	发型	fà xíng
mustache	胡子	hú zi
beard	胡须	hú xū
to have (a beard, etc.)	蓄着	xù zhuó
bald (adj)	秃头的	tū tóu de
hand	手	shǒu
arm	胳膊	gēbo
finger	手指	shǒu zhǐ
nail	指甲	zhǐ jia
palm	手掌	shǒu zhǎng
shoulder	肩膀	jiān bǎng
leg	腿	tuǐ
foot	脚，足	jiǎo, zú
knee	膝，膝盖	xī, xī gài
heel	后跟	hòu gēn

back	背	bèi
waist	腰	yāo
beauty mark	痣	zhì
birthmark	胎痣	tāi zhì
(café au lait spot)		

5. Medicine. Diseases. Drugs

health	健康	jiàn kāng
well (not sick)	健康的	jiàn kāng de
sickness	病	bìng
to be sick	生病	shēng bìng
ill, sick (adj)	生病的	shēng bìng de
cold (illness)	感冒	gǎn mào
to catch a cold	感冒	gǎn mào
tonsillitis	扁桃体炎	biǎn táo tǐ yán
pneumonia	肺炎	fèi yán
flu, influenza	流感	liú gǎn
runny nose (coryza)	流鼻涕	liú bí tì
cough	咳嗽	ké sou
to cough (vi)	咳, 咳嗽	ké, ké sou
to sneeze (vi)	打喷嚏	dǎ pēn tì
stroke	中风	zhòng fēng
heart attack	梗塞	gěng sè
allergy	过敏	guò mǐn
asthma	哮喘	xiāo chuǎn
diabetes	糖尿病	táng niào bìng
tumor	肿瘤	zhǒng liú
cancer	癌症	ái zhèng
alcoholism	酗酒	xù jiǔ
AIDS	艾滋病	ài zī bìng
fever	发烧	fā shāo
seasickness	晕船	yùn chuán
bruise (hématome)	青伤痕	qīng shāng hén
bump (lump)	包	bāo
to limp (vi)	跛行	bǒ xíng
dislocation	脱位	tuō wèi
to dislocate (vt)	使 … 脱位	shǐ … tuō wèi
fracture	骨折	gǔ zhé
burn (injury)	烧伤	shāo shāng
injury	损伤	sǔn shāng
pain	痛	tòng
toothache	牙痛	yá tòng
to sweat (perspire)	出汗	chū hàn

| deaf (adj) | 聋的 | lóng de |
| mute (adj) | 哑的 | yǎ de |

immunity	免疫力	miǎn yì lì
virus	病毒	bìng dú
microbe	微生物	wēi shēng wù
bacterium	细菌	xì jūn
infection	传染	chuán rǎn

hospital	医院	yī yuàn
cure	治疗	zhì liáo
to vaccinate (vt)	给 ⋯ 接种疫苗	gěi ... jiē zhòng yì miáo
to be in a coma	昏迷	hūn mí
intensive care	重症监护室	zhòng zhēng jiàn hù shì
symptom	症状	zhèng zhuàng
pulse	脉搏	mài bó

6. Feelings. Emotions. Conversation

I, me	我	wǒ
you	你	nǐ
he	他	tā
she	她	tā
it	它	tā

we	我们	wǒ men
you (to a group)	你们	nǐ men
they (masc.)	他们	tā men
they (fem.)	她们	tā men

Hello! (fam.)	你好!	nǐ hǎo!
Hello! (form.)	你们好!	nǐmen hǎo!
Good morning!	早上好!	zǎo shàng hǎo!
Good afternoon!	午安!	wǔ ān!
Good evening!	晚上好!	wǎn shàng hǎo!

to say hello	问好	wèn hǎo
to greet (vt)	欢迎	huān yíng
How are you?	你好吗?	nǐ hǎo ma?
Bye-Bye! Goodbye!	再见!	zài jiàn!
Thank you!	谢谢!	xièxie!

feelings	感情	gǎn qíng
to be hungry	饿	è
to be thirsty	渴	kě
tired (adj)	疲劳的	pí láo de

to be worried	担心	dān xīn
to be nervous	紧张	jǐn zhāng
hope	希望	xī wàng

to hope (vi, vt)	希望	xī wàng
character	品行	pǐn xíng
modest (adj)	谦虚的	qiān xū de
lazy (adj)	懒惰的	lǎn duò de
generous (adj)	慷慨的	kāng kǎi de
talented (adj)	有才能的	yǒu cái néng de
honest (adj)	诚实的	chéng shí de
serious (adj)	认真的	rèn zhēn de
shy, timid (adj)	羞怯的	xiū qiè de
sincere (adj)	真诚的	zhēn chéng de
coward	懦夫	nuò fū
to sleep (vi)	睡觉	shuì jiào
dream	梦	mèng
bed	床	chuáng
pillow	枕头	zhěn tou
insomnia	失眠	shī mián
to go to bed	去睡觉	qù shuì jiào
nightmare	噩梦	è mèng
alarm clock	闹钟	nào zhōng
smile	笑容	xiào róng
to smile (vi)	微笑	wēi xiào
to laugh (vi)	笑	xiào
quarrel	吵架	chǎo jià
insult	侮辱	wǔ rǔ
resentment	冒犯	mào fàn
angry (mad)	生气的	shēng qì de

7. Clothing. Personal accessories

clothes	服装	fú zhuāng
coat (overcoat)	大衣	dà yī
fur coat	皮大衣	pí dà yī
jacket (e.g., leather ~)	茄克衫	jiā kè shān
raincoat (trenchcoat, etc.)	雨衣	yǔ yī
shirt (button shirt)	衬衫	chèn shān
pants	裤子	kù zi
suit jacket	西服上衣	xī fú shàng yī
suit	套装	tào zhuāng
dress (frock)	连衣裙	lián yī qún
skirt	裙子	qún zi
T-shirt	T恤	T xù
bathrobe	浴衣	yù yī
pajamas	睡衣	shuì yī

workwear	工作服	gōng zuò fú
underwear	内衣	nèi yī
socks	短袜	duǎn wà
bra	乳罩	rǔ zhào
pantyhose	连裤袜	lián kù wà
stockings (thigh highs)	长筒袜	cháng tǒng wà
bathing suit	游泳衣	yóu yǒng yī

hat	帽子	mào zi
footwear	鞋类	xié lèi
boots (cowboy ~)	靴子	xuē zi
heel	鞋后跟	xié hòu gēn
shoestring	鞋带	xié dài
shoe polish	鞋油	xié yóu

cotton (n)	棉布	mián bù
wool (n)	羊毛	yáng máo
fur (n)	毛皮	máo pí

gloves	手套	shǒu tào
mittens	连指手套	lián zhǐ shǒu tào
scarf (muffler)	围巾	wéi jīn
glasses (eyeglasses)	眼镜	yǎn jìng
umbrella	雨伞	yǔ sǎn

tie (necktie)	领带	lǐng dài
handkerchief	手帕	shǒu pà
comb	梳子	shū zi
hairbrush	梳子	shū zi

buckle	皮带扣	pí dài kòu
belt	腰带	yāo dài
purse	女手提包	nǚ shǒutí bāo

collar	衣领，领子	yī lǐng, lǐng zi
pocket	口袋	kǒu dài
sleeve	袖子	xiù zi
fly (on trousers)	前开口	qián kāi kǒu

zipper (fastener)	拉链	lā liàn
button	纽扣	niǔ kòu
to get dirty (vi)	弄脏	nòng zāng
stain (mark, spot)	污点，污迹	wū diǎn, wū jì

8. City. Urban institutions

store	商店	shāng diàn
shopping mall	百货商店	bǎihuò shāngdiàn
supermarket	超市	chāo shì
shoe store	鞋店	xié diàn

bookstore	书店	shū diàn
drugstore, pharmacy	药房	yào fáng
bakery	面包店	miànbāo diàn
candy store	糖果店	tángguǒ diàn
butcher shop	肉铺	ròu pù
produce store	水果店	shuǐ guǒ diàn
market	市场	shì chǎng
hair salon	理发店	lǐ fà diàn
post office	邮局	yóu jú
dry cleaners	干洗店	gān xǐ diàn
circus	马戏团	mǎ xì tuán
zoo	动物园	dòng wù yuán
theater	剧院	jù yuàn
movie theater	电影院	diànyǐng yuàn
museum	博物馆	bó wù guǎn
library	图书馆	tú shū guǎn
mosque	清真寺	qīng zhēn sì
synagogue	犹太教堂	yóu tài jiào táng
cathedral	大教堂	dà jiào táng
temple	庙宇，教堂	miào yǔ, jiào táng
church	教堂	jiào táng
college	学院	xué yuàn
university	大学	dà xué
school	学校	xué xiào
hotel	酒店	jiǔ diàn
bank	银行	yín háng
embassy	大使馆	dà shǐ guǎn
travel agency	旅行社	lǚ xíng shè
subway	地铁	dì tiě
hospital	医院	yī yuàn
gas station	加油站	jiā yóu zhàn
parking lot	停车场	tíng chē cháng
ENTRANCE	入口	rù kǒu
EXIT	出口	chū kǒu
PUSH	推	tuī
PULL	拉	lā
OPEN	开门	kāi mén
CLOSED	关门	guān mén
monument	纪念像	jì niàn xiàng
fortress	堡垒	bǎo lěi
palace	宫殿	gōng diàn
medieval (adj)	中世纪的	zhōng shì jì de
ancient (adj)	古老的	gǔ lǎo de

| national (adj) | 国家，国民 | guó jiā, guó mín |
| well-known (adj) | 有名的 | yǒu míng de |

9. Money. Finances

money	钱，货币	qián, huòbì
coin	硬币	yìngbì
dollar	美元	měi yuán
euro	欧元	ōu yuán

ATM	自动取款机	zì dòng qǔ kuǎn jī
currency exchange	货币兑换处	huòbì duì huàn chù
exchange rate	汇率	huì lǜ
cash	现金	xiàn jīn

How much?	多少钱?	duōshao qián?
to pay (vi, vt)	付，支付	fù, zhī fù
payment	酬金	chóu jīn
change (give the ~)	零钱	líng qián

price	价格	jià gé
discount	折扣	zhé kòu
cheap (adj)	便宜的	pián yi de
expensive (adj)	贵的	guì de

bank	银行	yín háng
account	账户	zhànghù
credit card	信用卡	xìn yòng kǎ
check	支票	zhī piào
to write a check	开支票	kāi zhī piào
checkbook	支票本	zhīpiào běn

debt	债务	zhài wù
debtor	债务人	zhài wù rén
to lend (money)	借给	jiè gěi
to borrow (vi, vt)	借	jiè

to rent (~ a tuxedo)	租用	zū yòng
on credit (adv)	赊欠	shē qiàn
wallet	钱包	qián bāo
safe	保险柜	bǎo xiǎn guì
inheritance	遗产	yí chǎn
fortune (wealth)	财产，财富	cáichǎn, cáifù

tax	税，税款	shuì, shuì kuǎn
fine	罚款	fá kuǎn
to fine (vt)	罚款	fá kuǎn

| wholesale (adj) | 批发的 | pī fā de |
| retail (adj) | 零售 | líng shòu |

to insure (vt)	投保	tóu bǎo
insurance	保险	bǎo xiǎn
capital	资本	zī běn
turnover	营业额	yíng yè é
stock (share)	股票	gǔ piào
profit	利润	lì rùn
profitable (adj)	盈利的	yíng lì de
crisis	危机	wēi jī
bankruptcy	破产	pò chǎn
to go bankrupt	破产	pò chǎn
accountant	会计员	kuài jì yuán
salary	薪水	xīn shuǐ
bonus (money)	奖金	jiǎng jīn

10. Transportation

bus	公共汽车	gōnggòng qìchē
streetcar	电车	diànchē
trolley bus	无轨电车	wúguǐ diànchē
to go by ...	··· 去	... qù
to get on (~ the bus)	上车	shàng chē
to get off ...	下车	xià chē
stop (e.g., bus ~)	车站	chē zhàn
terminus	终点站	zhōng diǎn zhàn
schedule	时刻表	shí kè biǎo
ticket	票	piào
to be late (for ...)	误点	wù diǎn
taxi, cab	出租车	chūzūchē
by taxi	乘出租车	chéng chūzūchē
taxi stand	出租车站	chūzūchē zhàn
traffic	交通	jiāo tōng
rush hour	高峰 时间	gāo fēng shí jiān
to park (vi)	停放	tíng fàng
subway	地铁	dì tiě
station	站	zhàn
train	火车	huǒ chē
train station	火车站	huǒ chē zhàn
rails	铁轨	tiě guǐ
compartment	包房	bāo fáng
berth	卧铺	wò pù
airplane	飞机	fēijī
air ticket	飞机票	fēijī piào

airline	航空公司	hángkōng gōngsī
airport	机场	jī chǎng

flight (act of flying)	飞行	fēi xíng
luggage	行李	xíng li
luggage cart	行李车	xíng li chē

ship	大船	dà chuán
cruise ship	远洋班轮	yuǎn yáng bān lún
yacht	快艇	kuài tǐng
boat (flat-bottomed ~)	小船	xiǎo chuán

captain	船长，舰长	chuán zhǎng, jiàn zhǎng
cabin	小舱	xiǎo cāng
port (harbor)	港市	gǎng shì

bicycle	自行车	zìxíngchē
scooter	小轮摩托车	xiǎolún mótuōchē
motorcycle, bike	摩托车	mó tuō chē
pedal	脚蹬	jiǎo dēng
pump	气筒	qì tǒng
wheel	轮子	lún zi

automobile, car	汽车	qì chē
ambulance	救护车	jiù hù chē
truck	卡车	kǎ chē
used (adj)	二手的	èr shǒu de
car crash	车祸	chē huò
repair	修理	xiū lǐ

11. Food. Part 1

meat	肉	ròu
chicken	鸡肉	jī ròu
duck	鸭子	yā zi

pork	猪肉	zhū ròu
veal	小牛肉	xiǎo niú ròu
lamb	羊肉	yáng ròu
beef	牛肉	niú ròu

sausage (bologna, pepperoni, etc.)	香肠	xiāng cháng
egg	鸡蛋	jī dàn
fish	鱼	yú
cheese	奶酪	nǎi lào
sugar	糖	táng
salt	盐，食盐	yán, shí yán
rice	米	mǐ
pasta	通心粉	tōng xīn fěn

butter	黄油	huáng yóu
vegetable oil	植物油	zhí wù yóu
bread	面包	miàn bāo
chocolate (n)	巧克力	qiǎo kè lì
coffee	咖啡	kāfēi
milk	牛奶	niú nǎi
juice	果汁	guǒzhī
beer	啤酒	píjiǔ
tea	茶	chá
tomato	西红柿	xī hóng shì
cucumber	黄瓜	huáng guā
carrot	胡萝卜	hú luó bo
potato	土豆	tǔ dòu
onion	洋葱	yáng cōng
garlic	大蒜	dà suàn
cabbage	洋白菜	yáng bái cài
beetroot	甜菜	tiáncài
eggplant	茄子	qié zi
dill	莳萝	shì luó
lettuce	生菜, 莴苣	shēng cài, wō jù
corn (maize)	玉米	yù mǐ
fruit	水果	shuǐ guǒ
apple	苹果	píng guǒ
pear	梨	lí
lemon	柠檬	níng méng
orange	橙子	chén zi
strawberry	草莓	cǎo méi
plum	李子	lǐ zi
raspberry	覆盆子	fù pén zi
pineapple	菠萝	bō luó
banana	香蕉	xiāng jiāo
watermelon	西瓜	xī guā
grape	葡萄	pú tao
melon	瓜, 甜瓜	guā, tián guā

12. Food. Part 2

cuisine	菜肴	cài yáo
recipe	烹饪法	pēng rèn fǎ
food	食物	shí wù
to have breakfast	吃早饭	chī zǎo fàn
to have lunch	吃午饭	chī wǔ fàn
to have dinner	吃晚饭	chī wǎn fàn
taste, flavor	味道	wèi dào

tasty (adj)	美味的	měi wèi de
cold (adj)	冷的	lěng de
hot (adj)	烫的	tàng de
sweet (sugary)	甜的	tián de
salty (adj)	咸的	xián de
sandwich (bread)	三明治	sān míng zhì
side dish	配菜	pèi cài
filling (for cake, pie)	馅	xiàn
sauce	调味汁	tiáo wèi zhī
piece (of cake, pie)	一块	yī kuài
diet	日常饮食	rì cháng yǐn shí
vitamin	维生素	wéi shēng sù
calorie	卡路里	kǎlùlǐ
vegetarian (n)	素食者	sù shí zhě
restaurant	饭馆	fàn guǎn
coffee house	咖啡馆	kāfēi guǎn
appetite	胃口	wèi kǒu
Enjoy your meal!	请慢用!	qǐng màn yòng!
waiter	服务员	fú wù yuán
waitress	女服务员	nǚ fú wù yuán
bartender	酒保	jiǔ bǎo
menu	菜单	cài dān
spoon	勺子	sháo zi
knife	刀，刀子	dāo, dāo zi
fork	叉，餐叉	chā, cān chā
cup (e.g., coffee ~)	杯子	bēi zi
plate (dinner ~)	盘子	pán zi
saucer	碟子	dié zi
napkin (on table)	餐巾	cān jīn
toothpick	牙签	yá qiān
to order (meal)	订菜	dìng cài
course, dish	菜	cài
portion	一份	yī fèn
appetizer	开胃菜	kāi wèi cài
salad	沙拉	shā lā
soup	汤	tāng
dessert	甜点心	tián diǎn xīn
whole fruit jam	果酱	guǒ jiàng
ice-cream	冰淇淋	bīng qí lín
check	账单	zhàng dān
to pay the check	付账	fù zhàng
tip	小费	xiǎo fèi

13. House. Apartment. Part 1

house	房屋	fáng wū
country house	乡间别墅	xiāng jiān bié shù
villa (seaside ~)	别墅	bié shù
floor, story	层; 楼层	céng, lóu céng
entrance	门口	mén kǒu
wall	墙	qiáng
roof	房顶	fáng dǐng
chimney	烟囱	yān cōng
attic (storage place)	阁楼, 顶楼	gé lóu, dǐng lóu
window	窗户	chuāng hu
window ledge	窗台	chuāng tái
balcony	阳台	yáng tái
stairs (stairway)	楼梯	lóu tī
mailbox	邮箱	yóu xiāng
garbage can	垃圾桶	lā jī tǒng
elevator	电梯	diàn tī
electricity	电	diàn
light bulb	灯泡	dēng pào
switch	开关	kāi guān
wall socket	插座	chā zuò
fuse	保险丝	bǎo xiǎn sī
door	门	mén
handle, doorknob	门把	mén bà
key	钥匙	yào shi
doormat	门口地垫	mén kǒu de diàn
door lock	门锁	mén suǒ
doorbell	门铃	mén líng
knock (at the door)	敲门声	qiāo mén shēng
to knock (vi)	敲 门	qiāo mén
peephole	门镜	mén jìng
yard	院子	yuàn zi
garden	花园	huā yuán
swimming pool	游泳池	yóu yǒng chí
gym (home gym)	健身室	jiàn shēn shì
tennis court	网球场	wǎng qiú chǎng
garage	车库	chē kù
private property	私有 财产	sī yǒu cái chǎn
warning sign	警告牌子	jǐng gào pái zi
security	安保	ān bǎo
security guard	安保员	ān bǎo yuán
renovations	修理	xiū lǐ

to renovate (vt)	翻修	fān xiū
to put in order	整理	zhěng lǐ
to paint (~ a wall)	油漆	yóu qī
wallpaper	墙纸	qiáng zhǐ
to varnish (vt)	涂清漆	tú qīng qī
pipe	水管	shuǐ guǎn
basement	地下室	dì xià shì
sewerage (system)	排水系统	pái shuǐ xì tǒng

14. House. Apartment. Part 2

apartment	公寓	gōng yù
room	房间	fáng jiān
bedroom	卧室	wòshì
dining room	餐厅	cān tīng
living room	客厅	kè tīng
study (home office)	书房	shū fáng
entry room	入口空间	rù kǒu kōng jiān
bathroom (room with a bath or shower)	浴室	yù shì
half bath	卫生间	wèi shēng jiān
floor	地板	dì bǎn
ceiling	天花板	tiān huā bǎn
to dust (vt)	打扫灰尘	dǎsǎo huī chén
vacuum cleaner	吸尘器	xī chén qì
to vacuum (vt)	用吸尘器打扫	yòng xīchénqì dǎ sǎo
mop	拖把	tuō bǎ
dust cloth	拭尘布	shì chén bù
short broom	扫帚	sào zhǒu
dustpan	簸箕	bò ji
furniture	家具	jiā jù
table	桌子	zhuō zi
chair	椅子	yǐ zi
armchair	扶手椅	fú shǒu yǐ
bookcase	书橱	shū chú
shelf	书架	shū jià
wardrobe	衣柜	yī guì
mirror	镜子	jìng zi
carpet	地毯	dìtǎn
fireplace	壁炉	bì lú
drapes	窗帘	chuāng lián
table lamp	台灯	tái dēng

chandelier	枝形吊灯	zhī xíng diào dēng
kitchen	厨房	chú fáng
gas stove (range)	煤气炉	méi qì lú
electric stove	电炉	diàn lú
microwave oven	微波炉	wēi bō lú
refrigerator	冰箱	bīng xiāng
freezer	冷冻室	lěng dòng shì
dishwasher	洗碗机	xǐ wǎn jī
faucet	水龙头	shuǐ lóng tóu
meat grinder	绞肉机	jiǎo ròu jī
juicer	榨汁机	zhà zhī jī
toaster	烤面包机	kǎo miàn bāo jī
mixer	搅拌机	jiǎo bàn jī
coffee machine	咖啡机	kāfēi jī
kettle	开水壶	kāi shuǐ hú
teapot	茶壶	chá hú
TV set	电视机	diàn shì jī
VCR (video recorder)	录像机	lù xiàng jī
iron (e.g., steam ~)	熨斗	yùn dǒu
telephone	电话	diàn huà

15. Professions. Social status

director	经理	jīng lǐ
superior	上级	shàng jí
president	总裁	zǒng cái
assistant	助手	zhù shǒu
secretary	秘书	mì shū
owner, proprietor	业主	yè zhǔ
partner	合伙人	hé huǒ rén
stockholder	股东	gǔ dōng
businessman	商人	shāng rén
millionaire	百万富翁	bǎiwàn fùwēng
billionaire	亿万富翁	yìwàn fùwēng
actor	演员	yǎnyuán
architect	建筑师	jiànzhù shī
banker	银行家	yín háng jiā
broker	经纪人	jīng jì rén
veterinarian	兽医	shòu yī
doctor	医生	yīshēng
chambermaid	女服务员	nǚ fú wù yuán
designer	设计师	shè jì shī

correspondent	记者	jì zhě
delivery man	快递员	kuài dì yuán
electrician	电工	diàn gōng
musician	音乐家	yīn yuè jiā
babysitter	临时保姆	línshí bǎomǔ
hairdresser	理发师	lǐ fà shī
herder, shepherd	牧人	mù rén
singer (masc.)	歌手	gē shǒu
translator	翻译，译者	fān yì, yì zhě
writer	作家	zuò jiā
carpenter	木匠	mù jiàng
cook	厨师	chúshī
fireman	消防队员	xiāofáng duìyuán
police officer	警察	jǐng chá
mailman	邮递员	yóu dì yuán
programmer	程序员	chéng xù yuán
salesman (store staff)	售货员	shòu huò yuán
worker	工人	gōng rén
gardener	花匠	huā jiàng
plumber	水管工	shuǐ guǎn gōng
dentist	牙科医生	yá kē yīshēng
flight attendant (fem.)	空姐	kōng jiě
dancer (masc.)	舞蹈家	wǔ dǎo jiā
bodyguard	保镖	bǎo biāo
scientist	科学家	kē xué jiā
schoolteacher	老师	lǎo shī
farmer	农场主	nóng chǎng zhǔ
surgeon	外科医生	wài kē yīshēng
miner	矿工	kuàng gōng
chef (kitchen chef)	高级厨师	gāojí chúshī
driver	司机	sī jī

16. Sport

kind of sports	种运动	zhǒng yùndòng
soccer	足球	zú qiú
hockey	冰球	bīng qiú
basketball	篮球	lán qiú
baseball	棒球	bàng qiú
volleyball	排球	pái qiú
boxing	拳击	quánjī
wrestling	摔跤	shuāi jiāo
tennis	网球	wǎng qiú

swimming	游泳	yóuyǒng
chess	国际象棋	guó jì xiàng qí
running	赛跑	sàipǎo
athletics	田径运动	tiánjìng yùndòng
figure skating	花样滑冰	huāyàng huábīng
cycling	自行车运动	zìxíngchē yùndòng
billiards	台球	tái qiú
bodybuilding	健美运动	jiàn měi yùndòng
golf	高尔夫球	gāo ěr fū qiú
scuba diving	潜水	qián shuǐ
sailing	帆船运动	fānchuán yùndòng
archery	射箭	shè jiàn
period, half	半场	bàn chǎng
half-time	中场休息	zhōng chǎng xiū xi
tie	平局	píng jú
to tie (vi)	打成平局	dǎchéng píng jú
treadmill	跑步机	pǎo bù jī
player	球员	qiú yuán
substitute	候补队员	hòu bǔ duì yuán
substitutes bench	替补席上	tì bǔ xí shàng
match	比赛	bǐ sài
goal	球门	qiú mén
goalkeeper	守门员	shǒu mén yuán
goal (score)	进球	jìn qiú
Olympic Games	奥林匹克运动会	aòlínpǐkè yùndònghuì
to set a record	创造纪录	chuàng zào jì lù
final	决赛	jué sài
champion	冠军	guàn jūn
championship	锦标赛	jǐn biāo sài
winner	胜利者	shèng lì zhě
victory	胜利	shèng lì
to win (vi)	赢, 获胜	yíng, huò shèng
to lose (not win)	输掉	shū diào
medal	奖章	jiǎng zhāng
first place	第一名	dì yī míng
second place	第二名	dì èr míng
third place	第三名	dì sān míng
stadium	体育场	tǐ yù chǎng
fan, supporter	球迷	qiú mí
trainer, coach	教练	jiào liàn
training	训练	xùn liàn

17. Foreign languages. Orthography

language	语言	yǔ yán
to study (vt)	学习	xué xí
pronunciation	发音	fā yīn
accent	口音	kǒu yin

noun	名词	míng cí
adjective	形容词	xíng róng cí
verb	动词	dòng cí
adverb	副词	fùcí

pronoun	代词	dài cí
interjection	感叹词	gǎn tàn cí
preposition	介词	jiè cí

root	词根	cí gēn
ending	词尾	cí wěi
prefix	前缀	qián zhuì
syllable	音节	yīn jié
suffix	后缀	hòu zhuì

stress mark	重音	zhòng yīn
period, dot	点	diǎn
comma	逗号	dòu hào
colon	冒号	mào hào
ellipsis	省略号	shěng lüè hào

question	问题	wèn tí
question mark	问号	wèn hào
exclamation point	感叹号	gǎn tàn hào

in quotation marks	在引号	zài yǐn hào
in parenthesis	在圆括号	zài yuán kuò hào
letter	字母	zì mǔ
capital letter	大写字母	dà xiě zì mǔ

sentence	句子	jù zi
group of words	词组	cí zǔ
expression	短语	duǎn yǔ

subject	主语	zhǔ yǔ
predicate	谓语	wèi yǔ
line	行	háng
paragraph	段，段落	duàn, duàn luò

synonym	同义词	tóng yì cí
antonym	反义词	fǎn yì cí
exception	例外	lì wài
to underline (vt)	在 … 下画线	zài … xià huà xiàn
rules	规则	guī zé

grammar	语法	yǔ fǎ
vocabulary	词汇	cí huì
phonetics	语音学	yǔ yīn xué
alphabet	字母表	zì mǔ biǎo

textbook	课本	kè běn
dictionary	词典	cí diǎn
phrasebook	短语手册	duǎn yǔ shǒu cè

word	字，单词	zì, dāncí
meaning	意义	yì yì
memory	记忆力	jì yì lì

18. The Earth. Geography

the Earth	地球	dì qiú
the globe (the Earth)	地球	dì qiú
planet	行星	xíng xīng

geography	地理学	dì lǐ xué
nature	自然界	zì rán jiè
map	地图	dì tú
atlas	地图册	dì tú cè

in the north	在北方	zài běi fāng
in the south	在南方	zài nán fāng
in the west	在西方	zài xī fāng
in the east	在东方	zài dōng fāng

sea	海，大海	hǎi, dà hǎi
ocean	海洋，大海	hǎi yáng, dà hǎi
gulf (bay)	海湾	hǎi wān
straits	海峡	hǎi xiá

continent (mainland)	大陆，洲	dà lù, zhōu
island	岛，海岛	dǎo, hǎi dǎo
peninsula	半岛	bàn dǎo
archipelago	群岛	qún dǎo

harbor	港口	gǎng kǒu
coral reef	珊瑚礁	shān hú jiāo
shore	岸	àn
coast	海岸，海滨	hǎi àn, hǎi bīn

| flow (flood tide) | 高潮 | gāo cháo |
| ebb (ebb tide) | 落潮 | luò cháo |

latitude	纬度	wěi dù
longitude	经度	jīng dù
parallel	纬线	wěi xiàn

equator	赤道	chì dào
sky	天	tiān
horizon	地平线	dì píng xiàn
atmosphere	大气层	dà qì céng

mountain	山	shān
summit, top	山顶	shān dǐng
cliff	悬崖	xuán yá
hill	小山	xiǎo shān

volcano	火山	huǒ shān
glacier	冰川，冰河	bīng chuān, bīng hé
waterfall	瀑布	pù bù
plain	平原	píng yuán

river	河，江	hé, jiāng
spring (natural source)	泉，泉水	quán, quán shuǐ
bank (of river)	岸	àn
downstream (adv)	顺流而下	shùn liú ér xià
upstream (adv)	溯流而上	sù liú ér shàng

lake	湖	hú
dam	坝，堤坝	bà, dī bà
canal	运河	yùn hé
swamp (marshland)	沼泽	zhǎo zé
ice	冰	bīng

19. Countries of the world. Part 1

Europe	欧洲	oūzhōu
European Union	欧盟	oūméng
European (n)	欧洲人	oūzhōu rén
European (adj)	欧洲人	oūzhōu rén

Austria	奥地利	aòdìlì
Great Britain	大不列颠	dàbùlièdiān
England	英国	yīngguó
Belgium	比利时	bǐlìshí
Germany	德国	dé guó

Netherlands	荷兰	hélán
Holland	荷兰	hélán
Greece	希腊	xīlà
Denmark	丹麦	dānmài
Ireland	爱尔兰	aìěrlán

Iceland	冰岛	bīngdǎo
Spain	西班牙	xībānyá
Italy	意大利	yìdàlì
Cyprus	塞浦路斯	sàipǔlùsī

Malta	马耳他	mǎěrtā
Norway	挪威	nuówēi
Portugal	葡萄牙	pútáoyá
Finland	芬兰	fēnlán
France	法国	fǎguó
Sweden	瑞典	ruìdiǎn
Switzerland	瑞士	ruìshì
Scotland	苏格兰	sūgélán
Vatican	梵蒂冈	fàndìgāng
Liechtenstein	列支敦士登	lièzhīdūnshìdēng
Luxembourg	卢森堡	lúsēnbǎo
Monaco	摩纳哥	mónàgē
Albania	阿尔巴尼亚	āěrbāníyà
Bulgaria	保加利亚	bǎojiālìyà
Hungary	匈牙利	xiōngyálì
Latvia	拉脱维亚	lātuōwéiyà
Lithuania	立陶宛	lìtáowǎn
Poland	波兰	bōlán
Romania	罗马尼亚	luómǎníyà
Serbia	塞尔维亚	sāiěrwéiyà
Slovakia	斯洛伐克	sīluòfákè
Croatia	克罗地亚	kèluódìyà
Czech Republic	捷克共和国	jiékè gònghéguó
Estonia	爱沙尼亚	àishāníyà
Bosnia and Herzegovina	波斯尼亚-黑塞哥维那	bōsīníyà hēisègēwéinà
Macedonia (Republic of ~)	马其顿	mǎqídùn
Slovenia	斯洛文尼亚	sīluòwénníyà
Montenegro	黑山	hēishān
Belarus	白俄罗斯	báiéluósī
Moldova, Moldavia	摩尔多瓦	móěrduōwǎ
Russia	俄罗斯	éluósī
Ukraine	乌克兰	wūkèlán

20. Countries of the world. Part 2

Asia	亚洲	yàzhōu
Vietnam	越南	yuènán
India	印度	yìndù
Israel	以色列	yǐsèliè
China	中国	zhōngguó
Lebanon	黎巴嫩	líbānèn
Mongolia	蒙古	ménggǔ
Malaysia	马来西亚	mǎláixīyà
Pakistan	巴基斯坦	bājīsītǎn

Saudi Arabia	沙特阿拉伯	shātè ālābó
Thailand	泰国	tàiguó
Taiwan	台湾	táiwān
Turkey	土耳其	tǔěrqí
Japan	日本	rìběn
Afghanistan	阿富汗	āfùhàn

Bangladesh	孟加拉国	mèngjiālāguó
Indonesia	印度尼西亚	yìndùníxīyà
Jordan	约旦	yuēdàn
Iraq	伊拉克	yīlākè
Iran	伊朗	yīlǎng

Cambodia	柬埔寨	jiǎnpǔzhài
Kuwait	科威特	kēwēitè
Laos	老挝	lǎowō
Myanmar	缅甸	miǎndiàn
Nepal	尼泊尔	níbóěr

United Arab Emirates	阿联酋	ēliánqiú
Syria	叙利亚	xùlìyà
Palestine	巴勒斯坦	bālèsītǎn

| South Korea | 韩国 | hánguó |
| North Korea | 北朝鲜 | běicháoxiǎn |

United States of America	美国	měiguó
Canada	加拿大	jiānádà
Mexico	墨西哥	mòxīgē

| Argentina | 阿根廷 | āgēntíng |
| Brazil | 巴西 | bāxī |

Colombia	哥伦比亚	gēlúnbǐyà
Cuba	古巴	gǔbā
Chile	智利	zhìlì

| Venezuela | 委内瑞拉 | wěinèiruìlā |
| Ecuador | 厄瓜多尔 | èguāduōěr |

The Bahamas	巴哈马群岛	bāhāmǎ qúndǎo
Panama	巴拿马	bānámǎ
Egypt	埃及	āijí

| Morocco | 摩洛哥 | móluògē |
| Tunisia | 突尼斯 | tūnísī |

Kenya	肯尼亚	kěn ní yà
Libya	利比亚	lìbǐyà
South Africa	南非	nánfēi
Australia	澳大利亚	àodàlìyà
New Zealand	新西兰	xīnxīlán

21. Weather. Natural disasters

weather	天气	tiān qì
weather forecast	气象预报	qìxiàng yùbào
temperature	温度	wēn dù
thermometer	温度表	wēn dù biǎo
barometer	气压表	qì yā biǎo
sun	太阳	tài yáng
to shine (vi)	发光	fā guāng
sunny (day)	阳光充足的	yáng guāng chōng zú de
to come up (vi)	升起	shēng qǐ
to set (vi)	落山	luò shān
rain	雨	yǔ
it's raining	下雨	xià yǔ
pouring rain	倾盆大雨	qīng pén dà yǔ
rain cloud	乌云	wū yún
puddle	水洼	shuǐ wā
to get wet (in rain)	淋湿	lín shī
thunderstorm	大雷雨	dà léi yǔ
lightning (~ strike)	闪电	shǎn diàn
to flash (vi)	闪光	shǎn guāng
thunder	雷，雷声	léi, léi shēng
it's thundering	打雷	dǎ léi
hail	雹子	báo zi
it's hailing	下冰雹	xià bīng báo
heat (extreme ~)	炎热	yán rè
it's hot	天气热	tiān qì rè
it's warm	天气暖	tiān qì nuǎn
it's cold	天气冷	tiān qì lěng
fog (mist)	雾气	wù qì
foggy	多雾的	duō wù de
cloud	云	yún
cloudy (adj)	多云的	duō yún de
humidity	空气湿度	kōng qì shī dù
snow	雪	xuě
it's snowing	下雪	xià xuě
frost (severe ~, freezing cold)	严寒	yán hán
below zero (adv)	零下	líng xià
hoarfrost	霜，白霜	shuāng, bái shuāng
bad weather	恶劣天气	è liè tiān qì
disaster	灾难	zāi nàn
flood, inundation	洪水	hóng shuǐ
avalanche	雪崩	xuě bēng

earthquake	地震	dì zhèn
tremor, quake	震动	zhèn dòng
epicenter	震中	zhèn zhōng
eruption	喷发	pèn fā
lava	熔岩	róng yán
tornado	龙卷风	lóng juàn fēng
twister	旋风	xuànfēng
hurricane	飓风	jù fēng
tsunami	海啸	hǎi xiào
cyclone	气旋	qì xuán

22. Animals. Part 1

animal	动物	dòng wù
predator	捕食者	bǔ shí zhě
tiger	老虎	lǎo hǔ
lion	狮子	shī zi
wolf	狼	láng
fox	狐狸	húli
jaguar	美洲豹	měi zhōu bào
lynx	猞猁	shē lì
coyote	丛林狼	cóng lín láng
jackal	豺	chái
hyena	鬣狗	liè gǒu
squirrel	松鼠	sōng shǔ
hedgehog	刺猬	cì wei
rabbit	家兔	jiā tù
raccoon	浣熊	huàn xióng
hamster	仓鼠	cāng shǔ
mole	鼹鼠	yǎn shǔ
mouse	老鼠	lǎo shǔ
rat	大家鼠	dà jiā shǔ
bat	蝙蝠	biān fú
beaver	海狸	hǎi lí
horse	马	mǎ
deer	鹿	lù
camel	骆驼	luò tuo
zebra	斑马	bān mǎ
whale	鲸	jīng
seal	海豹	hǎi bào
walrus	海象	hǎi xiàng
dolphin	海豚	hǎi tún
bear	熊	xióng

monkey	猴子	hóu zi
elephant	象	xiàng
rhinoceros	犀牛	xī niú
giraffe	长颈鹿	cháng jǐng lù
hippopotamus	河马	hé mǎ
kangaroo	袋鼠	dài shǔ
cat	母猫	mǔ māo
cow	母牛	mǔ niú
bull	公牛	gōng niú
sheep (ewe)	羊, 绵羊	yáng, mián yáng
goat	山羊	shān yáng
donkey	驴	lú
pig, hog	猪	zhū
hen (chicken)	母鸡	mǔ jī
rooster	公鸡	gōng jī
duck	鸭子	yā zi
goose	鹅	é
turkey (hen)	火鸡	huǒ jī
sheepdog	牧羊犬	mù yáng quǎn

23. Animals. Part 2

bird	鸟	niǎo
pigeon	鸽子	gē zi
sparrow	麻雀	má què
tit	山雀	shān què
magpie	喜鹊	xǐ què
eagle	鹰	yīng
hawk	鹰, 隼	yīng, sǔn
falcon	隼, 猎鹰	sǔn, liè yīng
swan	天鹅	tiān é
crane	鹤	hè
stork	鹳	guàn
parrot	鹦鹉	yīng wǔ
peacock	孔雀	kǒng què
ostrich	鸵鸟	tuó niǎo
heron	鹭	lù
nightingale	夜莺	yè yīng
swallow	燕子	yàn zi
woodpecker	啄木鸟	zhuó mù niǎo
cuckoo	布谷鸟	bù gǔ niǎo
owl	猫头鹰	māo tóu yīng
penguin	企鹅	qǐ é

tuna	金枪鱼	jīn qiāng yú
trout	鳟鱼	zūn yú
eel	鳗鱼，鳝鱼	mán yú, shàn yú

shark	鲨鱼	shā yú
crab	螃蟹	páng xiè
jellyfish	海蜇	hǎi zhē
octopus	章鱼	zhāng yú

starfish	海星	hǎi xīng
sea urchin	海胆	hǎi dǎn
seahorse	海马	hǎi mǎ
shrimp	虾，小虾	xiā, xiǎo xiā

snake	蛇	shé
viper	蝮蛇	fù shé
lizard	蜥蜴	xī yì
iguana	鬣鳞蜥	liè lín xī
chameleon	变色龙	biàn sè lóng
scorpion	蝎子	xiē zi

turtle	龟	guī
frog	青蛙	qīng wā
crocodile	鳄鱼	è yú

insect, bug	昆虫	kūn chóng
butterfly	蝴蝶	hú dié
ant	蚂蚁	mǎ yǐ
fly	苍蝇	cāng yíng

mosquito	蚊子	wén zi
beetle	甲虫	jiǎ chóng
bee	蜜蜂	mì fēng
spider	蜘蛛	zhī zhū

24. Trees. Plants

tree	树，乔木	shù, qiáo mù
birch	白桦，桦树	bái huà, huà shù
oak	橡树	xiàng shù
linden tree	椴树	duàn shù
aspen	山杨	shān yáng

maple	枫树	fēng shù
spruce	枞树，杉树	cōng shù, shān shù
pine	松树	sōng shù
cedar	雪松	xuě sōng

| poplar | 杨 | yáng |
| rowan | 花楸 | huā qiū |

beech	山毛榉	shān máo jǔ
elm	榆树	yú shù
ash (tree)	白腊树	bái là shù
chestnut	栗树	lì shù
palm tree	棕榈树	zōng lǘ shù
bush	灌木	guàn mù

mushroom	蘑菇	mógu
poisonous mushroom	毒蘑菇	dú mógu
cep (Boletus edulis)	美味牛肝菌	měi wèi niú gān jūn
russula	红菇	hóng gū
fly agaric	蛤蟆菌	há má jùn
death cap	毒蕈	dú xùn

flower	花	huā
bouquet (of flowers)	花束	huā shù
rose (flower)	玫瑰	méi guī
tulip	郁金香	yù jīn xiāng
carnation	康乃馨	kāng nǎi xīn

camomile	甘菊	gān jú
cactus	仙人掌	xiān rén zhǎng
lily of the valley	铃兰	líng lán
snowdrop	雪花莲	xuě huā lián
water lily	睡莲	shuì lián
greenhouse (tropical ~)	温室	wēn shì
lawn	草坪	cǎo píng
flowerbed	花坛，花圃	huā tán, huā pǔ

plant	植物	zhí wù
grass	草	cǎo
leaf	叶子	yè zi
petal	花瓣	huā bàn
stem	茎	jīng
young plant (shoot)	芽	yá

cereal crops	谷类作物	gǔ lèi zuò wù
wheat	小麦	xiǎo mài
rye	黑麦	hēi mài
oats	燕麦	yàn mài

millet	粟，小米	sù, xiǎo mǐ
barley	大麦	dàmài
corn	玉米	yù mǐ
rice	稻米	dào mǐ

25. Various useful words

| balance (of situation) | 平衡 | píng héng |
| base (basis) | 基础 | jī chǔ |

beginning	起点	qǐ diǎn
category	类别	lèi bié
choice	选择	xuǎn zé
coincidence	巧合	qiǎo hé
comparison	比较	bǐ jiào
degree (extent, amount)	程度	chéng dù
development	发展	fā zhǎn
difference	差别	chā bié
effect (e.g., of drugs)	结果	jié guǒ
effort (exertion)	努力	nǔ lì
element	要素	yào sù
example (illustration)	例子	lì zi
fact	事实	shì shí
help	帮助	bāng zhù
ideal	理想	lǐ xiǎng
kind (sort, type)	种类	zhǒng lèi
mistake, error	错误	cuò wù
moment	时刻	shí kè
obstacle	障碍物	zhàng ài wù
part (~ of sth)	部分	bù fèn
pause (break)	停顿	tíng dùn
position	位置	wèi shi
problem	问题	wèn tí
process	过程	guò chéng
progress	进步	jìn bù
property (quality)	性质	xìng zhì
reaction	反映	fǎn yìng
risk	冒险	mào xiǎn
secret	秘密	mì mì
series	系列	xì liè
shape (outer form)	形状	xíng zhuàng
situation	情况	qíng kuàng
solution	解决办法	jiě jué bàn fǎ
standard (adj)	标准的	biāo zhǔn de
stop (pause)	停顿	tíng dùn
style	风格	fēng gé
system	系统	xì tǒng
table (chart)	表格	biǎo gé
tempo, rate	速度	sù dù
term (word, expression)	术语	shù yǔ
truth (e.g., moment of ~)	真理	zhēn lǐ

turn (please wait your ~)	轮到	lún dào
urgent (adj)	紧急的	jǐn jí de
utility (usefulness)	益处	yì chù
variant (alternative)	变体	biàn tǐ
way (means, method)	方法	fāng fǎ
zone	地区	dì qū

26. Modifiers. Adjectives. Part 1

additional (adj)	附加的	fù jiā de
ancient (~ civilization)	古代的	gǔ dài de
artificial (adj)	人造的	rén zào de
bad (adj)	坏的	huài de
beautiful (person)	漂亮的	piào liang de
big (in size)	大的	dà de
bitter (taste)	苦的	kǔ de
blind (sightless)	瞎的	xiā de
central (adj)	中间的	zhōng jiān de
children's (adj)	儿童的	ér tóng de
clandestine (secret)	隐秘	yǐn mì
clean (free from dirt)	干净的	gān jìng de
clever (smart)	聪明的	cōng ming de
compatible (adj)	兼容的	jiān róng de
contented (satisfied)	满意的	mǎnyì de
dangerous (adj)	危险的	wēi xiǎn de
dead (not alive)	死的	sǐ de
dense (fog, smoke)	浓的	nóng de
difficult (decision)	难的	nán de
dirty (not clean)	脏的	zāng de
easy (not difficult)	容易的	róng yì de
empty (glass, room)	空的	kōng de
exact (amount)	精确的	jīng què de
excellent (adj)	卓越的	zhuó yuè de
excessive (adj)	过分的	guò fèn de
exterior (adj)	外面的	wài mian de
fast (quick)	快的	kuài de
fertile (land, soil)	肥沃的	féi wò de
fragile (china, glass)	易碎的	yì suì de
free (at no cost)	免费的	miǎn fèi de
fresh (~ water)	淡水的	dàn shuǐ de
frozen (food)	冷冻的	lěng dòng de
full (completely filled)	满的	mǎn de
happy (adj)	幸福的	xìng fú de

hard (not soft)	硬的	yìng de
huge (adj)	巨大的	jù dà de
ill (sick, unwell)	生病的	shēng bìng de
immobile (adj)	不动的	bù dòng de
important (adj)	重要的	zhòng yào de
interior (adj)	里面的	lǐ miàn de
last (e.g., ~ week)	上 ···，过去的	shàng ..., guòqu de
last (final)	最后的	zuì hòu de
left (e.g., ~ side)	左边的	zuǒ bian de
legal (legitimate)	合法的	hé fǎ de
light (in weight)	轻的	qīng de
liquid (fluid)	液态的	yè tài de
long (e.g., ~ hair)	长的	cháng de
loud (voice, etc.)	大声的	dà shēng de
low (voice)	低声的	dī shēng de

27. Modifiers. Adjectives. Part 2

main (principal)	主要的	zhǔ yào de
matt, matte	无光泽的	wú guāng zé de
mysterious (adj)	神秘的	shén mì de
narrow (street, etc.)	窄的	zhǎi de
native (~ country)	祖国的	zǔ guó de
negative (~ response)	否定的	fǒu dìng de
new (adj)	新的	xīn de
next (e.g., ~ week)	下一	xià yī
normal (adj)	正常的	zhèng cháng de
not difficult (adj)	不难的	bù nánde
obligatory (adj)	必需的	bì xū de
old (house)	旧的	jiù de
open (adj)	开的	kāi de
opposite (adj)	对面的	duì miàn de
ordinary (usual)	平常的	píng cháng de
original (unusual)	特别的	tè bié de
personal (adj)	个人的	gè rén de
polite (adj)	礼貌的	lǐ mào de
poor (not rich)	贫穷的	pín qióng de
possible (adj)	可能的	kě néng de
principal (main)	基本的	jī běn de
probable (adj)	可能的	kě néng de
prolonged (e.g., ~ applause)	持久的	chí jiǔ de
public (open to all)	公共的	gōng gòng de
rare (adj)	罕见的	hǎn jiàn de

raw (uncooked)	生的	shēng de
right (not left)	右边的	yòu bian de
ripe (fruit)	成熟的	chéng shú de
risky (adj)	冒险的	mào xiǎn de
sad (~ look)	不幸福的	bù xìng fú de
second hand (adj)	二手的	èr shǒu de
shallow (water)	浅的	qiǎn de
sharp (blade, etc.)	锋利的	fēng lì de
short (in length)	短的	duǎn de
similar (adj)	相像的	xiāng xiàng de
small (in size)	小的	xiǎo de
smooth (surface)	平滑的	píng huá de
soft (~ toys)	软的	ruǎn de
solid (~ wall)	坚固的	jiāng ù de
sour (flavor, taste)	酸的	suān de
spacious (house, etc.)	宽敞的	kuān chang de
special (adj)	特殊的	tè shū de
straight (line, road)	直的	zhí de
strong (person)	强壮的	qiáng zhuàng de
stupid (foolish)	笨的	bèn de
superb, perfect (adj)	非常好的	fēicháng hǎo de
sweet (sugary)	甜的	tián de
tan (adj)	晒黑的	shài hēi de
tasty (delicious)	美味的	měi wèi de
unclear (adj)	不明确	bù míng què

28. Verbs. Part 1

to accuse (vt)	指责	zhǐ zé
to agree (say yes)	同意	tóng yì
to announce (vt)	通知	tōng zhī
to answer (vi, vt)	回答	huí dá
to apologize (vi)	道歉	dào qiàn
to arrive (vi)	来到	lái dào
to ask (~ oneself)	问	wèn
to be absent	缺席	quē xí
to be afraid	害怕	hài pà
to be born	出生	chū shēng
to be in a hurry	急忙	jí máng
to beat (to hit)	打	dǎ
to begin (vt)	开始	kāi shǐ
to believe (in God)	信教	xìn jiào
to belong to ...	属于	shǔ yú

to break (split into pieces)	打破	dǎ pò
to build (vt)	建筑	jiàn zhù
to buy (purchase)	买，购买	mǎi, gòu mǎi
can (v aux)	能	néng
can (v aux)	能	néng
to cancel (call off)	取消	qǔ xiāo
to catch (vt)	抓住	zhuā zhù
to change (vt)	改变	gǎi biàn
to check (to examine)	检查	jiǎn chá
to choose (select)	选	xuǎn
to clean up (tidy)	打扫	dǎ sǎo
to close (vt)	关	guān
to compare (vt)	比较	bǐ jiào
to complain (vi, vt)	抱怨	bào yuàn
to confirm (vt)	证明	zhèng míng
to congratulate (vt)	祝贺	zhù hè
to cook (dinner)	做饭	zuò fàn
to copy (vt)	复制	fù zhì
to cost (vt)	价钱为	jià qian wèi
to count (add up)	计算	jì suàn
to count on ...	指望	zhǐ wàng
to create (vt)	创造	chuàng zào
to cry (weep)	哭	kū
to dance (vi, vt)	跳舞	tiào wǔ
to deceive (vi, vt)	骗	piàn
to decide (~ to do sth)	决定	jué dìng
to delete (vt)	删除	shān chú
to demand (request firmly)	要求	yāo qiú
to deny (vt)	否认	fǒu rèn
to depend on ...	依赖	yī lài
to despise (vt)	看不起	kàn bu qǐ
to die (vi)	死，死亡	sǐ, sǐ wáng
to dig (vt)	挖	wā
to disappear (vi)	消失	xiāo shī
to discuss (vt)	讨论	tǎo lùn
to disturb (vt)	打扰	dǎ rǎo

29. Verbs. Part 2

to dive (vi)	跳水	tiào shuǐ
to divorce (vi)	离婚	lí hūn
to do (vt)	做	zuò
to doubt (have doubts)	怀疑	huái yí
to drink (vi, vt)	喝	hē

to drop (let fall)	掉	diào
to dry (clothes, hair)	把 … 弄干	bǎ … nòng gān
to eat (vi, vt)	吃	chī
to end (~ a relationship)	终止	zhōng zhǐ
to exist (vi)	存在	cún zài
to expect (foresee)	预见	yù jiàn
to explain (vt)	说明	shuō míng
to fall (vi)	跌倒	diē dǎo
to fight (street fight, etc.)	打架	dǎ jià
to find (vt)	找到	zhǎo dào
to finish (vt)	结束	jié shù
to fly (vi)	飞	fēi
to forbid (vt)	禁止	jìn zhǐ
to forget (vi, vt)	忘	wàng
to forgive (vt)	原谅	yuán liàng
to get tired	疲倦	pí juàn
to give (vt)	给	gěi
to go (on foot)	走	zǒu
to hate (vt)	憎恨	zēng hèn
to have (vt)	有	yǒu
to have breakfast	吃早饭	chī zǎo fàn
to have dinner	吃晚饭	chī wǎn fàn
to have lunch	吃午饭	chī wǔ fàn
to hear (vt)	听见	tīng jiàn
to help (vt)	帮助	bāng zhù
to hide (vt)	藏	cáng
to hope (vi, vt)	希望	xī wàng
to hunt (vi, vt)	打猎	dǎ liè
to hurry (vi)	赶紧	gǎn jǐn
to insist (vi, vt)	坚持	jiān chí
to insult (vt)	侮辱	wǔ rǔ
to invite (vt)	邀请	yāo qǐng
to joke (vi)	开玩笑	kāi wán xiào
to keep (vt)	保存	bǎo cún
to kill (vt)	杀死	shā sǐ
to know (sb)	认识	rèn shi
to know (sth)	知道	zhī dào
to like (I like ...)	喜欢	xǐ huan
to look at ...	看	kàn
to lose (umbrella, etc.)	丢失	diū shī
to love (sb)	爱	ài
to make a mistake	犯错	fàn cuò
to meet (vi, vt)	见面	jiàn miàn
to miss (school, etc.)	错过	cuò guò

30. Verbs. Part 3

to obey (vi, vt)	服从	fú cóng
to open (vt)	开	kāi
to participate (vi)	参与	cān yù
to pay (vi, vt)	付，支付	fù, zhī fù
to permit (vt)	允许	yǔn xǔ
to play (children)	玩	wán
to pray (vi, vt)	祈祷	qí dǎo
to promise (vt)	承诺	chéng nuò
to propose (vt)	提议	tí yì
to prove (vt)	证明	zhèng míng
to read (vi, vt)	读	dú
to receive (vt)	收到	shōu dào
to rent (sth from sb)	租房	zū fáng
to repeat (say again)	重复	chóng fù
to reserve, to book	预订	yù dìng
to run (vi)	跑	pǎo
to save (rescue)	救出	jiù chū
to say (~ thank you)	说	shuō
to see (vt)	见，看见	jiàn, kàn jiàn
to sell (vt)	卖	mài
to send (vt)	寄	jì
to shoot (vi)	射击	shè jī
to shout (vi)	叫喊	jiào hǎn
to show (vt)	展示	zhǎn shì
to sign (document)	签名	qiān míng
to sing (vi)	唱歌	chàng gē
to sit down (vi)	坐下	zuò xia
to smile (vi)	微笑	wēi xiào
to speak (vi, vt)	说	shuō
to steal (money, etc.)	偷窃	tōu qiè
to stop (please ~ calling me)	停止	tíng zhǐ
to study (vt)	学习	xué xí
to swim (vi)	游泳	yóuyǒng
to take (vt)	拿	ná
to talk to …	谈话	tán huà
to tell (story, joke)	讲	jiǎng
to thank (vt)	感谢	gǎn xiè
to think (vi, vt)	想	xiǎng
to translate (vt)	翻译	fān yì
to trust (vt)	信任	xìn rèn
to try (attempt)	试图	shì tú

to turn (e.g., ~ left)	转弯	zhuǎn wān
to turn off	关	guān
to turn on	打开	dǎ kāi
to understand (vt)	明白	míng bai
to wait (vt)	等	děng
to want (wish, desire)	想，想要	xiǎng, xiǎng yào
to work (vi)	工作	gōng zuò
to write (vt)	写	xiě